本书由国家自然科学基金青年基金“干旱区土地利用的自适应机制、实证模拟与政策调控”（项目编号41701618）支持出版

DIANXING GANHANQU
EJINAQI RENDIGUANXI
YANBIAN YU ZHENGCE XUANZE

典型干旱区
额济纳旗人地关系演变与政策选择

徐飞 著

中国社会出版社
国家一级出版社 · 全国百佳图书出版单位

图书在版编目（CIP）数据

典型干旱区额济纳旗人地关系演变与政策选择 / 徐飞著 .
—北京：中国社会出版社，2019. 10
ISBN 978 - 7 - 5087 - 6233 - 3

Ⅰ. ①典… Ⅱ. ①徐… Ⅲ. ①干旱区—人地关系—研究—额济纳旗 Ⅳ. ①K922. 64

中国版本图书馆 CIP 数据核字（2019）第 220936 号

书　　名： 典型干旱区额济纳旗人地关系演变与政策选择
著　　者： 徐　飞

出 版 人： 浦善新
终 审 人： 王　前
责任编辑： 张　迟

出版发行： 中国社会出版社　**邮政编码：** 100032
通联方式： 北京市西城区二龙路甲 33 号
电　　话： 编辑室：（010）58124856
销售部：（010）58124848
网　　址： www. shcbs. com. cn
shcbs. mca. gov. cn
经　　销： 各地新华书店

中国社会出版社天猫旗舰店

印刷装订： 北京虎彩文化传播有限公司
开　　本： 170mm × 240mm　1/16
印　　张： 10. 75
字　　数： 200 千字
版　　次： 2019 年 10 月第 1 版
印　　次： 2019 年 10 月第 1 次印刷
定　　价： 46. 00 元

中国社会出版社微信公众号

摘 要

水资源限制下的人地系统耦合演化是当今地理学研究最重要的方向之一。土地资源和水资源作为人类社会生存和发展的重要自然资源，在全球变化及其引起的自然结构和社会经济结构变化的背景下，二者利用之间的矛盾引起了国内外学术界的普遍关注，政府和相关社会部门也积极地通过制定相应的政策措施来协调二者之间的关系。干旱地区由于水资源短缺且生态环境极度脆弱，土地资源和水资源利用的矛盾更为突出，因此，如何更深刻地理解干旱地区一定时间内的水资源制约下的人地系统的动态耦合演化机制，以及社会认知与政策选择在人地系统耦合演化过程中的反馈，是实现干旱区域可持续发展与政策选择的综合匹配这一研究领域亟待解决的重要科学问题。

本书以典型干旱区内蒙古额济纳旗地区为例，选取1962—2012年50年作为研究的时间尺度，通过构建概念模型，模拟了典型干旱区的人地综合系统，重点探讨耕地面积、灌溉用水、水土政策和环境之间的关联和影响。通过应用“社会敏感度”这一概念，分析了社会意识对政策选择的反馈和驱动作用，为指导土地利用政策和水文政策的组合选择，实现水资源约束下的人地系统可持续发展提供一种定量的研究思路和理论支撑。主要研究内容与结论包括：

（1）在探讨研究区50年以来的土地利用和覆被时空变化的基础上，构建土地政策定量评价方法，实证结果表明土地利用政策对耕地时空变化有着显著的影响。基于遥感和土地数据，正确认识区域耕地格局的演变及其原因是保护区域耕地景观的前提。通过对研究区土地进行分类，结果显示耕地面积在过去的50年内增长迅速，由7.8平方千米增加到了65.3平方千米，且耕地的Moran's I由1962年的0.38增加到2012年的0.47，空间集聚特征明显。土地政策作为宏观调控手段，对行为主体有着显著指导性和方向性影响，对区域耕地的面积、方向变化都有一定的影响。在土地利用政策的制定和选择中，有必要合理组合不同土地利用政策发挥协同作用。

（2）根据土地数据，运用Budyko水文平衡方程计算实际年蒸发量和年径流量，识别研究区的水量平衡基本规律，为构建人地系统模型提供数据准备。利用土地数据和Budyko水文平衡方程计算出的研究区实际年均蒸发量，通过与ET-Watch方法对比验证了数据结果的有效性。结果显示研究区年均径流量在2002年之前一直呈现明显的下降趋势，1961—1970年年均径流量为5.46亿立方米，到2002年下降到仅1.21亿立方米。随着分水制度和相关水管理政策的实施，区域生态环境得到改善，径流量开始逐渐增加，2001—2010年年均径流量恢复到5.81亿立方米。为了减轻额济纳旗地区地表水资源短缺的严峻态势，有必要实施水资源管理政策，满足耕地生产和灌溉用水需求，维持干旱地区生态环境。

（3）构建干旱区PAIC人地系统概念模型，通过将“社会敏感度”这一人类行为对环境的反馈变量引入模型，揭示土地利用政策和水资源管理政策的不同选择组合对人地系统的影响机理，并利用模型的量化结果指导未来政策选择。PAIC人地系统概念模型设计了耕地面积、灌溉用水、水土政策和环境模块的演化分析框架，研究了各模块耦合演化以及不同情景下水土政策选择对典型干旱地区人地系统的长期影响。研究结果表明：低耕地限制力度情景下的总灌溉面积增长更快，更有利于农业生产；而中耕地限制力度情景下的用水总量后期控制更好，甚至呈现略微下降的趋势，更有利于生态环境保护和缓解节水农业进入高速发展期的灌溉效率悖论现象；过强的初始耕地限制，不利于节水农业的推广和经济社会环境的健康可持续发展。研究还发现，不同的水土政策组合将导致不同的耕地生产和节水发展路径，为了协调耕地生产和环境保护，在未来的政策选择中有必要参考社会敏感度和政策偏好因素。当社会敏感度大于0且呈现增加趋势时，则需要更多地以环境为中心，选择优先保护水资源的政策用来维持区域环境可持续发展；当社会敏感度呈下降趋势时，则可以选择适当优先贯彻土地利用政策用于发展生产和经济增长的需要。在未来的发展过程中，为了实现政策选择行为的有效性，有必要通过水土政策的合理组合，针对社会敏感度的变化而作出相应的政策选择来保护环境。

总的来说，基于PAIC的人地系统概念模型能够揭示不同的土地利用政策和水资源政策对人地系统的作用机理，既考虑了不同干旱化情景对灌溉用水的影响，也考虑了水资源约束下的耕地面积变化过程，从而为土地利用变化和水文交叉研究领域提供了一种可行的研究框架。通过对“社会敏感度”这一人类行为对环境的定量化反馈，为干旱区土地规划和农业节水过程中的政策选择，实现人地系统可持续发展提供定量评价方法和理论支撑。

关键词： 干旱区；PAIC 模型；耕地变化；水资源变化；人地系统；政策选择

目　录

图索引

表索引

第一章

引　言

本章阐述了研究的背景与意义，系统评述了国内外相关研究进展和亟待解决的问题，介绍了本书的主要研究内容和技术路线。本研究基于干旱区人地关系理论，按照“土地分类——人地系统模拟——政策选择”的主线展开研究，探索了水资源制约下的人地系统的耦合演变特征，在此基础上研究了不同政策组合对人地系统的反馈，以及干旱区土地利用和环境保护过程中的政策选择方法。

1.1 研究背景与意义

1.1.1 研究背景

20 世纪七八十年代以来，全世界经济工业化和社会城市化急剧发展强烈地改变着各地区的经济结构和生态环境结构，资源被加速消耗（Cuypers，J. G. M. and Rademaker，O.，1974），逐步引发土地利用和水资源等一系列有关生态环境的变化，而生态环境危机又正在反过来影响乃至阻碍人类社会经济的发展（陆大道，2002）。有关人地关系调控机理的研究认为，土地利用/土地覆盖动态变化的驱动力因素主要由人口、技术能力、贫富水平、政治经济与结构等组成（Crutzen，P. J. and Stoemer，E. F.，2000）。在最近几十年乃至百年的时间尺度上，并不存在完全由于全球自然条件变化而引起的全球土地利用/土地覆盖的变化，必须从人类行为的角度开展全球表层系统的研究（Zhong，Ma，Dong & He，2007；沈振荣，汪林，于福亮 & 刘斌，2010）。有关学者将人地科学研究计划集中在三个方面：土地利用动力学——案例研究的比较分析（George et al.，2011；Simonovic，2002）；土地覆盖模式——直接观测与空间分析（Savenije and Van der Zaag，2008）；区域与全球模型——用于综合评价的框架（Goodchild，2008）。在土地利用变化研究中，强调土地利用变化中人类作用的程度及其影响；在土地覆盖变化研究中，强调覆盖变化的表面特征以及生物地球化学循环、水循环变化的影响（陈晓宏等，2010；陈莹，2004）。在土地利用与土地覆盖动态变化模拟研究中，主要包括土地生产模型以及与环境影响模型、经济模型等的综合，在此基础上进一步发展由人类行为与政策共同综合的模型系统（史培军，1997）。人类和土地利用中主要的核心问题，一方面是人类活动的环境效应，即人类活动驱动下的自然生态系统的响应机制与反馈机理；另一方面关注确保自然生态系统良性循环下的人类改造自然界的可能途径（Lambin and Geist，2006）。在国家自然科学基金委员会等单位提出的“21世纪中国地球科学”规划中，人与自然关系的协调开始成为人类认识地球的新的出发点。协调人地系统的矛盾，关键在于科学地确定人类生存与生产对区域环境与资源的需求（Foley et al.，2005）。鉴于此，人地系统学研究正是着力于建立解决与日俱增的资源开发与环境质量之间的矛盾，并试图为分配相关资源需求数量提供一定的技术途径，为资源、管理政策和法规的制定提供决策的技术支持。

近年来，亚欧大陆干旱区的人地系统耦合演化受到国内外学术界越来越多的关注。干旱、半干旱地区，一般是根据干旱程度划分农业地区类型时所使用的概念。国际上一般将年平均降水量在250mm以下的地区称为干旱区（杜建材，2000）。据联合国教科文组织统计分析，世界干旱、半干旱地区总面积约占地球陆地总面积的三分之一（陈曦等，2013）。其中，亚欧内陆干旱区（Euro－Asia Arid lands）是世界干旱区分布最集中的区域之一，包括中亚五国和俄罗斯西伯利亚以及蒙古，中国西部、北部内陆地区，以及印度的部分地区，面积约1000万平方千米，占世界干旱区总面积的34%，发育着世界最大规模的绿洲生态系统（Forrester，J. W.，1971）。在我国，有关干旱区生态地理格局的记载最早可以追溯到先秦时代。我国北方干旱区域的蒸发量大，降水和地表径流不足，作物耗水系数大，加之人类不合理的利用，脆弱的生态系统遭到破坏，随之而来的风蚀、沙化，严重地影响着农牧业生产的发展。随着科学技术的进步，人们对干旱区生态地理格局的认识不断深化。在干旱区的开发利用过程中，土壤肥沃、灌溉条件便利、人类生产与集中居住的区域多呈带状分布在河流或井、泉附近，以及有冰雪融水灌溉的山麓地带（陈曦，2008），这些地带也是灌溉农业发展较早的地区，在自然资源开发利用过程中积累了丰富的经验。虽然干旱地区天然降水少，但其热量条件充足，如果灌溉水源充足，农作物依然可以保持良好的生长。

不同的研究区域由于其自然特征的特殊性和生态的脆弱性差异，需要侧重研究的土地类型不同。我国西北干旱区水资源的状况及其能否合理利用，是干旱区农业生产和社会发展的主要限制性因素（曲耀光，1988），农业生产也依然是西北干旱地区重要的生产活动方式，土地资源、水资源、社会经济发展状况和生态环境之间相互制约和影响。中国西北干旱地区，内陆河流域水资源和土地资源受到比在世界其他地区更大的人口和人类发展的压力。干旱地区由于水资源短缺且生态环境极度脆弱，土地资源和水资源利用的矛盾更为突出，因此，如何理解经济发展和环境保护大背景下，人类活动对干旱区人类活动和土地利用的相互作用机理和响应机制，已经成为 GLP（Global Land Project）研究的热点（陈曦，2008），实现干旱区域可持续发展与政策选择的综合匹配是这一研究领域亟待解决的重要科学问题。在人类活动和全球气候变化下，有必要进行个案研究并探索设计一个体系，来阐明干旱区人类活动和土地资源如何在水文和环境制约的条件下实现可持续发展的目的，并讨论社会行为对水土资源和人地系统的影响。这对于全面认识和保护干旱区的水土资源现在以及未来的状况，提高政策选择科学性都具有重要的意义（Qi et al.，2012）。

本书研究区位于内蒙古西北部额济纳旗盆地，由于气候干旱，生态环境极为脆弱，一直以来被看作是监测时空环境和气候变化的典型观察区域。以多源卫星图像和统计数据为基础，基于干旱区人地系统等理论，按照“土地分类——人地系统模拟——政策选择”的主线展开研究，探索了水资源制约下的人地系统的耦合演变特征，在此基础上研究了不同政策组合对人地系统的反馈以及干旱区土地利用和环境保护过程中的政策选择定量方法。不仅能更好地了解人类活动与环境变化（Lambin and Geist，2006）的关系，更将为理解中国西北干旱地区的环境变化以及未来政策选择提供理论依据。

1.1.2 研究意义

干旱区土地和社会、水文系统的耦合演化之间存在高度的关联性，只有认识不同的系统组成部分的相关性和特征，才能明确对研究对象和问题的选择。研究干旱地区农业耕地和环境发展的耦合演化机制，以及如何针对现状和趋势进行合理的政策选择，很有必要将不同时空尺度的气候变化过程与水资源系统和土地资源系统变化结合，用来理解干旱化情景对中国北方未来土地利用变化过程和水资源发展的可能影响。从已有的研究成果来看，干旱地区内部的土地利用结构转变及相应政策选择的定量研究（Nagendra et al.，2004；Luo et al.，2010），如对干旱地区农业耕地和水文灌溉的一些主要问题，存在认识和评价上的不足，对于耕地灌溉与社会行为及水文水资源要素之间的动态耦合机理仍然缺乏系统的、整体的认识，使得政策选择和管理实践难以优化匹配。从发展与环境相协调的角度，通过系统模拟和方案试验，是探索长期经济和城市化发展的预期下，政策作为一种基本的决策途径，是实现土地资源利用与水资源保护、生态环境可持续发展的基本战略的重要手段。

系统研究是1962年由乔莱（Chorley R. J.）首先引进地理学的。但实际上，系统这一概念已有很长的历史。一个系统包括三个部分：要素因子、要素因子之间的联系、系统与环境之间的联系。系统研究的目标是要求揭示系统的功能和演变，不但需要研究人地系统机理的内容，更需要对人地关系地域系统中的各个因素作用和结构进行研究。地球表层系统可以分解成三个系统：自然系统、人地关系系统和社会经济系统，而且认为地理学观点的核心是刻画人地关系系统运行特点的社会－环境动力学（陆大道，2002）。在时空尺度上，土地和人类社会系统的关系是互动的、复杂的和规律的。其次，不同的时空尺度下，具体系统的复杂性表征会存在明显的差别，例如针对额济纳旗流域近年来的气候条件、土地变化、人口波动以及水资源短缺就是系统的内部变量，其相互关系就构成了系统演化的基础；而对该干旱区的农业发展和耕地利用来说，上述的长期影响要素就需要被看作系统的影响参数，而系统的耦合变量就需要考虑短期水文变量的变化，如灌溉水量变化、社会政策行为变化等短期要素。此外，宏观尺度上的人地系统演化往往具有明显的周期性规律。根据历史唯物主义和辩证唯物主义的观点，这种演化规律促使质变发展的机制与社会的认知有关，研究这种阶段性的规律的关键在于体现人类社会对环境和资源变化的反馈。

因此，本书基于人地系统等理论，按照“土地分类——人地系统模拟——政策选择”的主线展开研究，探索了水资源制约下的人地系统的耦合演变特征。通过构建典型干旱区的人地系统模型，有助于理解干旱地区一定时间尺度下人地系统中水土资源要素和政策制度之间的动态耦合演化机制，以及社会意识对政策选择的反馈和驱动作用。从而为指导土地利用政策及其不同政策组合的合理选择，实现水资源约束下的人地系统可持续发展提供一种定量的研究思路和理论支撑，对区域环境与政策选择综合匹配这一重要科学问题给出初步回答。

本书依托江苏省普通高校研究生科研创新计划和美国国家科学基金会社会环境综合中心项目的支持。

1.2 国内外研究综述

土地利用和水资源之间有着紧密的相互影响的联系。一方面，土地利用和土地管理可以影响水资源的数量和质量；另一方面，水资源也是土地利用特别是耕地灌溉的先决条件，从而影响潜在的土地用途和土地管理措施。地形、土壤、水文过程之间密切相关（Ahmed，2014）。在人地关系、土地利用、社会水文、政策影响等方面，研究者们已经积累了丰富的经验。

1.2.1 人地系统和人地关系

人地系统是人类长期适应、利用和改造自然而形成的人地关系地域综合体，是人与地以区域为依托形成的一个自然—经济—社会的多层次、多变量、时间和空间相协调的复合系统。人地系统发展动力根植于系统中各要素的相互关联与反馈过程，系统中各个要素在不同层次和特定地域交互作用形成人地系统发展的耦合结构。对系统结构要素联系的深层次剖析是认识人地系统的因果反馈作用过程、是揭示区域人地系统内在动力演变机制和构建人地系统定量模型的基础。

人地关系对人类的生存与发展有着重要的意义，对于人地理论的研究，从西方哲学界到经济学界、地理学界，都有着悠久的研究历史。

1.2.1.1 人地系统的理论研究

自20世纪以来，随着世界经济整体复苏以及各国城镇化、工业化进程显著加快，人口及社会经济发展同土地资源开发利用之间的协同性问题开始被各国重视。在此背景下，对国内外人地系统的理论与应用两方面研究成果进行系统总结，不仅能有助于了解国内外学者在这一领域的研究历程和现状特征，而且有助于发现国内研究的不足和拓展国内研究视野，为在人地关系领域的深入研究指明方向。国外学者关于人地关系和人地系统的理论研究，归纳起来，主要集中在以下四方面：

第一，人地系统的方法论研究。西方人地关系研究的历史始于古希腊和古罗马时期的哲学界，如希腊学者希波革拉第（Hippocrates）的《论空气、水和地方》对人与自然的关系进行了论述，并强调了自然对人类活动的影响；Plato 在《国家论》中考虑了“人口数量和有限土地之间关系”的思想，是一种朴素的人地关系思想（赫特纳，1989）。16 世纪以后，经济学界的 William Petty 和 Richard Cantilon 等人都对人口数量和国土面积在人地系统发展过程当中各自所起作用进行过系统论述（奥威比克荷，1988）。18 世纪，以 Adam Smith 为代表的古典经济学派给予了人地关系更为充分的关注，随后建立了经济思想史上最早的人地关系理论，又在此基础上将其逐步完善，并最终形成了古典学派的人地关系思想（Fischer G. and Sun L.，2001）。20 世纪 80 年代，世界环境与发展委员会提出可持续发展的思想，国际社会开始对人地系统演变过程及动态、系统结构、要素反馈机制进行深入的研究，并引入数学建模方法进行定量模拟预测（Ianchovichina et al.，1998）。

进入 20 世纪以来，随着社会生产力的发展和人口的增长，人类与自然地理环境之间的相互作用日益显现。涉及人地关系的各项研究在全球范围逐渐展开，研究范围不断得到拓展，人地关系理论研究呈现出多元化格局。一方面，相关研究者继续对人地关系理论进行梳理和评价（Robin，2003）；另一方面，对地理环境概念和地理环境作用进行了进一步的阐释（Todd et al.，2006），使得 90 年代以后人地关系思想和理论创新得到进一步的发展（Heckman et al.，1974&2005）。人地系统和人地关系这一议题也在国际会议上得到了重视。1979 年斯德哥尔摩人类环境会议、1980 年第 24 届国际地理大会以及 2003 年的南北可持续发展大会中，都对“可持续发展理论”和“人地协调论”相结合的全新人地系统理论进行了探讨（Lokshin et al.，2004；Li et al.，2003），这也标志着人类活动与自然环境之间的和谐问题正式成为新时代的主题。相应地，在地理学研究过程中，在总结前人研究成果的基础上，如何能够将人类活动主动地与地理环境相互协调和适应，既深刻认识到地理环境的永恒和多样化的控制作用，又强调人类自身所具有的主观能动性与创造性来保障环境的可持续发展，成为国际地理学界所面临的主要任务。

我国人地观最早出现于春秋战国时期，秦国人商鞅认为一个国家的发展总是伴随着“民胜其地”和“地胜其民”的反复，这标志着我国古代思想家们开始将人地关系问题上升到国家战略层面。在此后的社会思想演替交融过程中，大多数思想家提出“天人合一说”等一系列朴素的人地关系思想。到了封建社会的中期，“人称其土”的思想逐步变革为我国历史上人地关系思想的主流，它在宏观上强调了“广土众民”，在微观上主张“复井田”以增广土地。近代早期中国人地关系思想基本受到西方“地理环境决定论”影响，随着“人地相关论”的传入，才引领学者们的研究方向逐步走上正轨（吴传钧，1991）。学者们以社会调查为标志，将人地关系问题纳入经济地理学的范畴（李旭旦，1986；中国地理学会编，2007）。中华人民共和国成立以后，以何炳隶为代表的一批专家从农业发展角度研究了中国人地关系的历史演进，并为我国人地关系的后续研究提供了翔实可靠的资料基础（詹姆斯，1982）。改革开放后，我国人地关系研究逐步得到发展，尤其是可持续发展思想的引入，促进了人地关系领域研究创新，并形成了包括“人地系统理论”“人地差异协同论”“人地协同论”“人地协调论”等各种人地关系新思想（孟凯中，王斌，2007；莫淑红等，2007；宋世涛等，2004；赵明华，2004），既认识到了地理环境的永恒和多样化的控制作用，又强调了人类活动的主观能动性和创造性，主动与地理环境相协调和适应。在此基础上，学者们进一步探讨了人地系统的构成要素、结构功能、动力机制、优化调控规律等内容，从而构筑了新时期人地系统的理论研究框架。

20 世纪 90 年代，吴传钧院士将系统论思想引入地理学研究中，指出人地系统是由人类活动和地理环境两个子系统交错构成的复杂开放的巨系统，内部具有一定的结构和功能机制，并进一步提出人地关系地域系统是以地球表层一定地域为基础的人地关系系统，也就是人与地在特定地域中相互联系、相互作用而形成的一种动态结构，不仅构建了人地关系地域系统理论及其内容框架体系，还确立了人地关系地域系统是地理学研究的核心这一思想（吴传钧，1991）。在此以后，一些地理学者对人地关系地域系统的理论和方法进行了相关探讨，进一步深化对其理论内涵的认识（姜黎，2008；刘继生，陈涛，1997）。很多专家和学者指出人地关系地域系统是地理学研究的核心（陆大道，1998& 2002），并进一步提出人地关系地域系统是区域可持续发展的理论基础，是区域可持续发展由基础研究转向实践应用的理论基石（毛汉英，1995&1999），在此基础上探讨了人地关系地域系统与可持续发展的相互作用机理、系统类型和发展特征（张青峰等，2001；逯承等，2013；秦耀辰等，1999）。人地关系地域系统强调人地要素在空间上具有一定的地域范围，将人地关系研究具体落实到地域，从方法论转变为实证对象，为人地关系建立了科学前提。部分学者从人地关系的研究范式、动力作用机制、地域分异和演变规律等方面进行分析，探讨了人地关系发展的演变规律和基本原理（郭亮，2007；张妍，2003；魏晋，2002），也有学者提出人地渗透律、人地矛盾律、人地互动律、人地作用加速律和人地关系不平衡律一系列概念，将人地关系基本原理总结为土地承载力限制与超越原理、人地关系关联互动原理，尝试揭示人地关系研究趋势与基本规律（丁凡，1998；叶岱夫等，2001；袁榴艳等，2007）。

第二，人地系统的构成要素研究。在地理学界，“人地系统”这一概念直到 1983 年英国学者 Durr H. 才明确提出。他将“人地系统”定义为

“Man – Land System”，认为其是由人口与土地两大子系统基于一定的规律共同构成的巨系统（Durr H.，2003）。在此后的研究中，学者们致力于从不同角度探索人地关系的内在规律，主要形成了地理环境决定论、人类决定论、文化景观论、适应论和人类生态学（Robin A.，2003；Gary L. et al.，1989；Jammer，2004）等近代人地关系研究的主要思想流派，并将人地关系问题视为人文地理学领域研究的核心（普雷斯顿·詹姆斯，1989）。综观西方的人地关系理论，一些侧重于自然地理环境的作用，一些则侧重于人类活动的能动性，或着重说明人地协调，都试图解释人地关系的实质和机理。地理环境决定论认为地理环境对人类活动有支配作用，自然和人文两者之间有着紧密的时空联系，从宏观尺度上分析了地理环境对人类活动及人类历史的影响和控制。“适应论”则强调自然环境对人类活动的限制作用以及人类利用自然环境的可能性。而人类中心论认为人类是宇宙的中心，从微观尺度上观察人类活动对自然地理环境的改造和局部控制。人类生态学则主张研究人类对自然环境的反应。在诸多的著作中，以 Meadows 的《增长的极限》最为引人关注，书中强调人口在人地系统中的重要作用（Meadows，2007），分别对人口、自然资源等人地系统中的主要因素进行综合研究，并认为人地关系是由多因素共同作用的结果（索维，1978）。可以认为，在上述理论的影响下，西方地理学逐步开始以“人地关系”为思想构架，相继从不同视角衍生出全新的研究主题和思想观念，从而使得近代地理学的发展及其内涵的研究日臻科学（Maddala，1986）。

关于人地系统的要素组成，我国的学者吴传钧认为，人地系统是由地理环境和人类活动两个子系统交错构成的复杂的开放的巨系统。在人地系统中，人口与社会经济要素为一端，资源与环境为另一端，双方之间以及各自内部存在着多种直接反馈作用，并密切交织在一起（吴文恒等，2006；姚辉等，2010）。总的来说，学者们普遍认为，人口、社会经济要素、资源、环境通过一定的反馈作用和机制共同构成了人地系统（王爱民，缪磊磊，2004）。对于某一区域人地系统的调控，应以人口系统调控为前提，尽可能地选择以市场机制化解系统内部资源要素的供需矛盾。认为应该将人口系统与土地系统之间所固有的反馈机制作为“调控点”，借助调节与竞争手段，寻求理想化的人地组合状态（高翔等，2010）。以可持续发展为前提，把人类需求控制在自然系统的承载力之内，从而缓和甚至解决区域人口、资源环境以及经济发展之间的现实矛盾，从而最终实现区域内人地系统的可持续发展（程叶青，2006）。

第三，人地系统的体系构建研究。1980 年以来，我国在人地关系科学体系和理论体系的构建、人地关系系统研究等方面取得长足进展。吴传钧、蔡运龙、毛汉英等人的开创性工作，构建了人地系统的基本理论和框架体系，使人们对人地系统的形成过程、结构特点和发展趋势，对人和地两大系统之间的相互作用关系有了比较清晰的认识（陆大道，1998）。毛汉英（1995）指出人地系统由人口、经济、社会、资源和生态环境五大部分组成，具有多层次耗散特征，反馈结构复杂。学者们对系统中人地关系结构的演化机制和主要反馈控制回路进行了辨识，在总结人地系统理论的基础上提出人地系统构型的基本方法与工作步骤，认为人地系统优化对象包括人口、资源、生态、环境、经济和社会等要素（史培军，1997；申玉铭，1999；王黎明，1997）。不同的历史发展阶段人们对人地关系的认识有所不同，在历史先后顺序上形成了自然控制论（前发展阶段）、环境决定论（低发展阶段）、人类中心论（高发展阶段）和可持续发展论（持续发展阶段）四大人地关系理论的渐变过程。如果将此问题再进行概括，人地关系理论的发展演化系列为：环境决定论（农业社会）——人类中心论（工业社会）——协调论（后工业化社会）（赵明华，韩荣青，2003；郑度，2002）。

20 世纪 50 年代以来，随着区域发展的基本理论和应用研究日渐完善，区域研究成为人地关系地域系统研究的载体，其理论和方法也成为人地关系地域系统理论和方法论的重要部分（樊杰，2014）。尤其是从20世纪80年代以后，随着全球经济一体化进程的加快，区域城市化工业化急剧发展，科学技术的进步强烈改变区域经济社会结构和生态环境结构，造成一系列资源过度消耗、生态环境恶化等问题，反过来阻碍人类经济社会的发展。这些问题归根到底正是人地系统各要素及其相互作用的变化造成的，主要趋向为人类活动对自然环境和人文环境作用日渐加强。在此背景下，黄秉维院士提出自然因素和人文因素的综合研究才能为区域可持续发展提供理论基础和实践指导，强调人地关系是自然和人文的综合集成研究。之后陆大道院士进一步提出人地系统的方法要树立综合和系统的观念，研究主题要突出人地系统要素相互作用机制与演化趋势，研究途径包括建立模型与模拟，进行参数研究，开展人类影响和干预的政策及其效应分析（陆大道，1998）。此外，相关学者也相继从人地关系地域系统要素角度分析了人地关系地域系统的结构、内在逻辑、耦合演变、内在机制以及可持续发展战略等内容，将人口、资源、环境与发展作为一个整体的前提下，研究各要素的结构功能和发展趋势，拟定调控与管理对策以及提出不同区域可持续发展的优化模型（王建华等，2003）。以可持续发展为目标的人地关系研究在我国正处于探索和发展阶段，是解决区域经济社会可持续发展面临的资源环境问题的重要手段（王丹，2003）。

第四，人地系统的动力机制和功能研究。关于人地系统的作用机制、功能、优化与调控，毛汉英认为人地系统内部各子系统间存在“反馈机制”，因此可以将其作为人地系统的调控点，通过模型技术，在人口、经济、社会与资源、环境之间寻求一种理想的组合状态，以便在空间结构、时间过程、整体效应、协同性等方面，使区域的物质流、能量流、信息流达到合理的流动和分配。学者们普遍选择从自组织理论出发，基于人地关系的非线性特征、非决定性以及不对称性特征进行相关研究，总结和提出了人地关系发展和演变的基本原理和规律（鲍超，方创琳，2006；蔡运龙，1997），认为人地系统除了具有脆弱性、风险性、恢复性与适应性的特征（郭伟峰等，2010；史培军，1997），还有非决定性、不对称性和非线性特征（刘继生，1997）。通过分析人地关系地域系统与可持续发展的相互作用机理，以及人地关系地域系统的概念及其发展特征，指出人地关系协调发展必须处理以下几个矛盾，即人类活动之间的矛盾、人类发展与地理环境供给之间的矛盾以及人地关系地域系统发展与区际关系之间的矛盾，从而给出了协调发展的概念性原理，即人类活动结构的协同进化原理、地理环境协调有序利用原理、区际关系与系统自组织原理（叶岱夫，2001；杨青山，2001）。由此可以看出，虽然研究角度不同，但学者们都指出了人地系统的动力机制与系统结构功能之间存在着紧密的联系，认为系统内部各构成要素通过非线性的衰减与叠加，逐步放大了各子系统的功能，最终使得人地复杂系统的整体功能远远大于各子系统功能之和。

人地系统研究工作除了以国家层面为主的可持续发展研究之外，主要集中于以下三类地区：一是经济发达地区，如环渤海地区、长江三角洲、黄河三角洲等东部沿海地区；二是生态环境脆弱地区，如黄土高原渭河流域、关中平原等；三是正在实施大开发战略的西部地区，如甘肃河西走廊、青藏高原、新疆绿洲等。研究内容涉及区域短缺性资源承载力及合理配置与开发利用，经济社会发展与生态环境协调研究，解决移民安置中的人地矛盾与可持续发展问题等，对不同地域层次类型的人地系统和各子系统耦合角度进行了研究和定量评价（宋先松，2004）。国内学者早期的研究多以定性分析为主，20 世纪 90 年代初吴传钧院士明确指出了“要以传统的综合因素地域分析法为基础，尝试运用数理统计方法、数学模式、遥感以及计算机等手段，使研究逐步以定量计算为主、辅以定性分析”，并就此引发了学术界对于人地关系方法论的深入探讨。近几年，部分学者提出了采用定量评价的方法和选取相关指标展开研究。在量化方法选取方面，一些数学模拟方法、综合集成方法趋于多元化，如指标体系评价分析法、系统综合集成方法、动力学模拟方法等被广泛运用（宋先松，2004）。在量化评价指标方面，逐渐从单一传统的定性描述向多指标评价的定量研究过渡，如采用可持续指数和协调度等评价指标来衡量人地系统发展的持续性，或者尝试对包括景观多样性指数、土地利用程度指数和土地生产潜力指数等土地利用特征指标进行探讨，来反映区域人地关系的特征和问题。

1.2.1.2　人地系统的应用研究

西方学者针对人地关系的应用研究，涉及范围极其广泛，几乎覆盖了人与自然关系的各个层面。英国地理学区域学派、美国麻省理工学院以及苏联的地理学家把“地理系统空间与时间组织和社会与自然的相互作用”作为重点研究项目；荷兰、德国、法国、日本在人地系统的应用研究方面也取得了一批成果（Jammer，2004）。此外，一些国际性合作计划，如人与生物圈计划（MAB）、国际地圈—生物圈计划（IGBP）、国际减灾十年（IDNDR）等，都是旨在改变日益恶化的生态环境，协调人地关系（Fujita M. et al.，2001）。

我国关于人地关系和人地系统的大规模应用研究工作始于20世纪80年代初期，在理论研究取得阶段性成果以后，国内学者开始以协调人类社会经济活动与资源环境的关系为出发点，在全国范围内基于不同尺度对区域内人地关系及人地系统开展了大量应用型研究（廖克，1992；张志强，1994；李博，韩增林，2010）。从现有的文献资料来看，学者们的研究视角主要集中在三个层面，即以全国作为宏观尺度区域（李后强等，1998；温琰茂，1999）、以自然区或特殊地形地貌区作为中观尺度区域（刘占宝等，2010；乔标等，2006；热比亚木·买买提，2002；孙庆荣，

2006）、以“具体行政作为微观尺度区域（谭灵芝，2010；王明全，2009）。可以认为，这些基于不同空间尺度的研究，无疑对我国区域人地关系协同发展有着积极的促进作用。20 世纪 80 年代以来，人地系统研究结合区域开发整治规划、资源开发与承载力研究、区域开发与区域发展规划、生态建设与环境保护而开展。1992 年里约环境发展大会以后，人地系统的研究开始同区域可持续发展密切结合，特别是 1994 年制定的《中国 21 世纪议程》，将可持续发展正式作为我国跨世纪的一项重大发展战略后，以协调人类的经济、社会活动与资源和生态环境关系为中心、不同尺度的区域可持续发展研究在全国范围内大规模展开。概括起来，可大致分为三方面：

第一，基于人地系统宏观尺度的应用研究。在现代人地关系协调理论指导下，很多学者系统总结了不同区域在人口、经济、资源以及自然条件等诸多方面的综合研究成果，并依此提出了各区域人地和谐发展的对策（James，2010）。此外，一些国际性区域合作计划都在对区域内人地关系作出整体量化的基础上，提出了相关改进措施以全面协调人地关系（Gerhardus et al.，2001）。美国麻省理工学院研制出区域管理信息系统，对研究区内所涉及的人地关系单元开展了全面优化调控与自动决策机制设计。苏联的地理学家和也在构建区域性生产综合实践中应用了人地关系的相关理论（Gary. L et al.，1989）。

吴传钧、陆大道、胡序威、李文彦等学者应用人地系统理论，先后完成了《中国土地利用》《中国区域发展报告》《中国沿海城镇密集地区空间集聚与扩散研究》和《中国能源发展战略研究》（郑元文，2010）。在此基础上，部分学者从资源禀赋与人地关系冲突与协调的角度展开了研究。如分析了我国主要能源基地人地关系的演变、冲突及发展趋势，认为严格控制人口规模和切实提高土地的粮食生存率，都是缓解人地关系紧张的重要举措（陈成鲜，2000；韩德林，1994；刘小茜等，2009）；

有的学者以人粮关系为基础，通过构建土地资源承载指数模型定量分析了1949年至2005年间中国土地资源承载力的时空演变格局，认为我国土地资源承载力与粮食生产能力共同趋于改善，如果粮食供给不畅，将随时出现人口超载现象，进而破坏人地协同关系（胡大伟，2006；赵玉林，2008）。

第二，基于人地系统中观尺度的应用研究。基于中观尺度，学者们通常选择在对不同地理类型区主要人地系统类型界定与划分的基础上，以可持续发展理论和协调论为指导，阐明优化与协调区域人地关系的合理途径。在针对平原地区的研究中，通过对平原人地系统结构的耦合关联性和时空演变规律进行了研究，结果表明，资源容量的整体下降促使区域人地关系逐渐趋于失衡，将区域人地关系大致划分为四种类型，即低水平型、磨合型、拮抗型以及协同型，区域人地系统先后经历了粗放式军屯农耕型、传统农耕开发型、现代化农耕开发型三个阶段与类型，农业产出效率呈现出逐步降低的态势，而环境负荷率和能值废弃率均呈现出不同程度的增长趋势，这直接激化了区域内人口与环境之间固有的矛盾，造成区域资源环境的可持续发展能力不断降低（郭伟峰，2009；胡玉奎，1997）。

在针对内陆荒漠地区的研究中，学者们将绿洲人地系统作为研究对象，结合多年的实地调查，首先采用典型性相关分析法，分别探讨了社会经济因素和政策因素对于区域人地系统的影响机理，分析近年内陆荒漠绿洲人地关系的变化（李天宏等，2006；李玉义等，2009；谭灵芝，2010）。认为干旱地区人地关系处于基本不协调状态，并且有加剧恶化的趋势。物质生产的低效率、人口生产的膨胀以及环境生产的萎缩是造成生产系统之间原本平衡的直接机制遭到破坏的主要原因，最终导致当前北方广大土地的荒漠化（朱国宏，1996；王让会等，2004；王武科等，2009）。

在针对流域湖泊的研究中，相关学者探讨了湖泊附近地区人地系统变化的驱动力，指出了“围湖造田”和“退田还湖”对于区域人地系统的作用过程（李尝君，2012；张洁等，2010；杨云良等，1996）。通过实地调研，对区域人地系统的现状特点、演变规律、空间格局、优化调控手段等逐一进行了实证分析。除此之外，学者们还分别对西南地区、青藏高原东北缘及其邻地区等区域的人地系统展开了定量化研究（陈雪，刘光有，2010）。

第三，基于人地系统微观尺度的应用研究。西方学者将人地关系的微观尺度研究视为宏观尺度研究的基本组织单元，因而普遍选择特定时间内研究区域社会经济发展过程中的人地关系问题，从中量化并揭示出相关的内在规律，如有的学者选择从点位角度出发，从农户用地和企业用地的层次研究区域人地可持续发展问题（Haraldsson，1998），有些学者则选择从微观视角量化不同尺度的区域人地关系，从村域范围内的生态占用视角研究微尺度的人地系统可持续发展（Gerhardus，2011）。另外，部分学者基于现代人地系统理论，深入研究了流域、高原山地等特定区域人地系统内部的自然要素与人文要素相互作用结果，及其与人地系统长期演化过程当中的互动规律，采用模型量化了人类活动对区域人地系统的作用机理和过程（H. Hengsik，2009）。

基于微观尺度，学者们通常选择对某一具体行政区人地系统进行定量研究，尤其是对区域人地系统的演变规律进行深入分析，找出发展过程当中存在的主要问题，并提出优化调控措施。有学者对人地关系阶段变化特征进行了分析，着重探讨了耕地变动与经济发展的内在联系和未来人地关系发展的总体态势进行了预测（谭术魁等，2012），并提出了基于微观尺度的村域人地系统研究思路，通过深入实地进行调查和获取农户数据，用人地系统“熵”来表征人地系统的状态函数和发展变化。认为人地系统的协同性总是由资源环境状况和社会经济发展水平所共同决定的，我国经济发达地区的经济增长是以牺牲资源环境为代价的低层次发展，大多数区县的人地系统处于一种较弱的持续发展状态，区域可持续发展能力不断下降的根源是人口与环境之间的矛盾逐步扩大（陈兴鹏等，2002；陈云峰，2003；乔家君，2005）。在人地关系系统构型理论与方法研究上，细胞自动机原理也应用到分析探讨人地非线性相互作用机理和人地系统演化的优化调控与区域可持续发展的关系中（哈斯巴根，佟宝全，2014）。

1.2.2 水土资源利用和政策选择

土地和水资源的利用有着紧密的相互影响的联系。一方面，土地利用和土地管理可以影响水资源的数量和质量；另一方面，水资源也是土地利用特别是耕地灌溉的先决条件，从而影响潜在的土地用途和土地管理措施。地形、土壤、水文过程之间密切相关（Ahmed，2014）。在水土资源利用、政策选择等相关领域方面，研究者们已经积累了丰富的经验。

1.2.2.1 水资源利用

水资源利用研究的基本出发点是从满足人类社会的发展需要出发，通过水资源规划来科学利用水资源（Savenije et al.，2013）。1965 年国际水文科学协会（IAHS）第一次开展了国际水文十年（IHD）的科学活动，从人类合理利用水资源的角度出发，提出了要关注水资源管理在流域尺度上的运用，表达出对人类活动复杂化的关注（叶涛，史培军，2007）。20 世纪 70 年代，Harris（1977）提出在水资源规划中需要增加“人类维度”，以突出人类活动对自然水资源系统的影响，资源规划与管理领域开始向维持水资源可持续发展的研究方向演变（Davies and Simonovic，2011）。因此，有必要深入认识水文与土地、社会复合系统的相互耦合过程。20 世纪 80 年代以来，联合国组织专家开始研究城市化与水文水资源关系（Bakshi B. R. et al.，2002；Bourguignon et al.，2003&2008）、水资源的规划管理及与环境和社会的关系（Blundell et al.，2000）、水文过程与人类活动的相互关系（Yang et al.，2013）。2013 年在瑞典哥德堡 IAHS 正式发布并启动了 2013—2022 年十年科学计划，主题是“处于变化中的水文科学与社会系统”。其中土地利用政策作为社会系统的重要组成部分，被单独列为一项研究子课题（López - Moreno et al.，2014；Lu et al.，2015；Luo et al.，2010；Magliocca et al.，2014）。当今的水文学研究中的水文系统和社会科学中的社会系统，是包含人类社会系统与自然水系统在内的系统，也是社会生态系统的一个主要子系统（Liu et al.，2014c；Zurlini et al.，2006）。相关研究也早就涵盖在传统的水文水资源（李新，程国栋，2008；李新等，2010）、生态学（徐宗学，李景玉，2010）、气象学（Fu et al.，2013）以及历史学、社会学、经济学和管理学的研究范畴中（Srinivasan，1925，2013；Steffen et al.，2007）。在研究干旱区水文方面，普遍做法是需要结合提取气候参数（温度、降水、蒸发、蒸腾、土壤湿度、湿度等）的时间变化来分析干旱指数（Jia et al.，2004；Wang，2009），更适合于分析和定量在特定的地方实时水文社会相互作用和反馈。这个过程中会涉及大量的数据收集和实验，以参数化的模型来表征社会和水文过程和社会水文反馈。在针对实地调查的基础上，人类与水的相互作用可用于理解在整个系统规模自发行为。为了探究人类活动对土地和水文系统的影响机理，Elshiafei 等人（Elshafei et al.，2014b；Liu et al.，2014b）发展了水文和土地系统的模型（Van Emmerik et al.，2014），提出了互相反馈的关系框架。主要包括不同干旱化情景对区域水资源总量的影响，同时考虑水资源总量约束下的由人口和经济因素驱动的土地利用变化过程。

水资源近来也面临着越来越紧迫的生存安全危机（包括缺水危机、洪涝灾害、水资源危害等），难以在供水和需水的过程中适应快速变化的环境的客观要求，尤其是对水资源系统的变化和社会发展的用水需求变化认识上有所欠缺（Vörösmarty et al.，2000；Wang and Cheng，1999）。合理地开发利用水资源以实现社会经济的可持续发展，成为水文水资源研究领域的主要目的，而水资源规划和管理是应用层面水文水资源研究的主要内容（Chen，1988）。阅读文献我们了解到，近年来越来越多的学者参与到水资源的相关研究中，并通过对影响水资源变化的各种因素进行了总结，总的来说水资源的变化归因于气候、环境、城市化、农业、土地利用政策等（Baldassarre et al.，2015；By，E.，2010）。虽然自然条件和人类活动共同影响着水资源的变化，但人文因素加剧了自然因素的作用程度与范围，尤其是人类活动的影响在近50年里更为深刻（Wenwen et al.，2014）。一方面，对水资源研究的关注不断增加；另一方面，作为学科交叉的研究方向，尤其是土地利用政策对水资源变化的研究比较缺乏（Baldassarre et al.，2013a；Baldassarre et al.，2013b）。土地利用政策驱动下的水资源研究较少，而且更加缺乏这方面的定量研究，因此这种情况下研究土地利用政策这个驱动因子则尤为必要（Bingfang and Xiong，2011）。2015世界水论坛（World Water Forum，2015）已经提到水和土地这一议题，吸引了政策制定者相当多的关注。第四届国际森林和水会议（The 4th International Conference on Forests and Water in a Changing Environment，Kelowna，BC，Canada，July 6－9，2015）也提到，随着气候变化，自然干扰加上不断增长的人为干扰，人水矛盾日益突出，出现了洪涝灾害、干旱缺水、水土流失和水环境污染等水问题。水资源同粮食、石油一起成为国家的重要战略资源（张洁，2010）。由于缺少综合管理，目前中国的很多区域均不同程度地出现了严重的生态环境问题，而且这些问题呈现出越来越明显的跨地区特征（李遐玲，1997）。因此，土地管理者和决策者无疑对水资源有着重要的影响，它不仅是水资源和水环境管理的基本趋势，更是实现经济、社会与环境全面协调可持续发展的有力保证，是维持水资源可持续发展，实现人与地和谐的迫切需要（水利部，

2010）。为了解决人水矛盾，就必须加强水资源的统一管理、科学管理，以达到合理使用和有效保护水资源，促进水资源可持续利用，实现人水和谐。人水和谐思想是我国政府自 1999 年以来坚持的主要治水指导思想之一。如何在人水和谐思想指导下研究和实行最严格水资源管理制度，具有非常重要的理论和现实意义（左其亭等，2014）。

1.2.2.2 土地资源利用

20 世纪 90 年代中期开始，土地的变化已经日益引起策划者和研究人员的兴趣。近年来，全球土地计划（Global Land Project，GLP）作为国际全球环境变化四个核心研究计划（水系统、碳、食物、土地）之一，由国际地圈生物圈计划（IGBP）与国际全球环境变化人文因素计划（IHDP）于 2005 年推出的核心计划。特别是来自 IGBP 的核心计划“全球变化与陆地生态系统”（GCTE）和 IGBP - IHDP 的联合核心计划“土地利用/土地覆盖变化”（LUCC）的科学基础（Chen，H. and Li，M.，2011）。GLP 的核心目标是从人类—社会生态耦合系统的角度量测、模拟和理解土地系统的利用与变化。为此，GLP 提出了三个相互衔接的研究目标，即识别土地系统中人类—社会生态耦合作用下的各种变化，并量化这些变化对耦合系统的影响；评估土地利用及覆被变化对生态系统服务功能的影响；识别土地系统的脆弱性和持续性与各类干扰因素（包括气候变化）相互作用的特征及动力学。

全球土地变化归因于人为因素和自然因素（Nagendra et al.，2004；Luo et al.，2010）。面临的挑战包括：理解全球环境变化及提供应对这种变化的政策相关的知识，这些知识是社会需求的，这些挑战是科学需要努力的方向。为了提高解释和预测全球环境变化的能力，研究包括观测、过程研究、实验及模拟。除了国际地圈生物圈计划、全球变化人文因素计划，还包括生物多样性计划（DIVERSITAS）和世界气候研究计划（WCRP），这四个计划推动了全球环境变化研究。详细的计划和研究包括这四个计划的具体项目，此外，更多规律方面的努力越来越能解决临界系统水平的问题，这些问题的解决需要综合更多学科及项目研究方法。国际地圈生物圈计划（IGBP）和全球变化人文因素计划（IHDP）联合提出全球土地计划（GLP）的科学计划和实施战略，在地球系统功能范畴内提高对土地系统动力学的理解。为理解地球系统内不同土地系统间相互作用是如何发生的、预测未来的趋势、陆地生物圈的可持续性及它们间的相互作用和反馈的一部分，GLP 将以为生态系统服务作为出发点，为人类陆地环境制定决策。侧重于研究陆地系统中人类、生物和自然资源间的交互作用以及从全球角度、采用对比方法进行详细的区域研究。强调社会—环境耦合系统的变化并研究了不同尺度社会—环境耦合系统。

研究干旱地区的土地变化也可以更好地了解人类活动与环境变化（Lambin and Geist，2006；Gong et al.，2013），其历史演变和驱动力分析可以为当前环境控制和未来的政策指导提供宝贵的基础（Brink et al.，2014），在全球或局部环境的变化和持续发展方面都非常重要（刘蔚等，2008；刘啸等，2015；刘彦随，2002）。干旱地区的水、土壤、大气、生物等条件是区域环境的主要成分，影响着区域生态的相互作用（Falkenmark and Lannerstad，2004）和人类活动与环境变化。水资源的短缺影响着生态系统的稳定性，尤其是干旱流域下游的时空格局更为敏感（Chou et al.，2014）。随着卫星遥感技术和空间信息系统的发展，研究者应用了一些空间分析方法并提供了量化的生态环境保护和建设方案（李正国等，2008），对空间特征进行定量研究（Estoque and Murayama，2015）。干旱区土地利用景观的时空变化研究近年来受到专家学者的关注（Yuchu Xie，2014）。然而，一般来说，同一区域缺乏较长的时间尺度卫星数据的来源，尤其是超过 40 年的时间尺度（阿依努尔·买买提，邱玉宝，2013；曾维华，2005；陈曦，罗格平，2008）。因此，为了监测长时间尺度下的绿洲变化的复杂性和多类型，卫星观测技术的改进也让长尺度的研究成为可能（Luo et al.，2008；Ruelland et al.，2010）。在人类活动与全球气候变化日益复杂的影响下（Qi et al.，2012），需要通过个案研究，以确定和研究干旱区土地利用动态变化及其对驱动因素，遥感数据也在这个过程中被广泛应用（Luo et al.，2008；Ruelland et al.，2010）。例如，Zhou et al.（2010）利用中国陆地卫星 MSS、TM 和 ETM +图像在定量的地形数据的基础上研究了干旱阿克苏流域进程和土地利用变化的趋势。Brinkmann et al.（2012）采用多源卫星图像来分析土地覆盖变化，研究近50 年四个西非城市主要景观改造的进程。也有学者对干旱区农田、森林、耕地和草地来分析和研究变化及其对景观格局的影响，讨论了干旱地区土地利用变化的时空过程敏感性（Luo et al.，2008；Ruelland et al.，2010），并认为在流域尺度上地下水和地表径流已经深刻地影响了土地利用的面积和分布（Wang et al.，2011；Ling et al.，2013）。水资源丰富或短缺是一个流域上、中、下游的分水岭，水资源极大地影响着区域的景观格局变化和生态系统的稳定性（Zhang et al.，2012）。尤其是在流域下游地区土地景观的时空格局受到水资源的影响比其他区域更加敏感。干旱区土地利用和覆被变化和转换的过程，受到人类活动和人与自然的相互作用（Zhou et al.，2010）。通过扩大耕地面积，农业结构调整和水文项目的建设等一系列的措施改变荒漠化的趋势，则需要在了解和分析土地利用的变化趋势的前提下展开，从而充分利用人类活动用来治理和保护干旱地区的自然生态系统（Zhang et al.，2009），从而提供有效的控制或者改进方案（赵文智等，2006；赵文智，程国栋，2008；钟方雷等，2014；钟华平，2002），并对干旱区的内部土地利用结构转变及其影响进行定量研究其对环境及水文的影响（濮励杰，2002）。因此我们认为，通过土地利用法规和政策对水资源进行科学的参与是保护耕地的关键组成部分（Michael，E. et al.，2015），也是进一步研究的关键方向。

1.2.2.3 水土政策选择

水文和土地之间需要通过“政策选择”和“政策管理”进行连接并相互影响（Vitousek et al.，1997）。随着科学技术的不断进步，人类改造自然的能力在不断提高，人类活动对土地和水文变化的影响也日趋增大（Zalasiewicz et al.，2010）。人类活动与水资源环境变化之间的相互作用与影响已成为国际研究的热点，各类国际学术组织先后发起了多项相关课题（Eicher，T. S.，1996）。

干旱区节水农业发展过程中，合理的土地政策和水政策在耕地发展和水文农业节水中发挥着重要的人为作用（Li et al.，2015）。土地利用政策作为社会系统的重要组成部分的影响（Li et al.，2015），已被水文科学协会（IAHS）于1965年推出的国际水文十年（IHD）选定为其中一个重要的子课题（2013—2022）。该项目旨在促进从水资源合理利用的角度出发研究水文水资源的国际合作。从成立以来10年的时间，该项目已在城市化之间的关系、水资源规划、社会环境、水文环境的变化（Nace，1980）等领域促进了相关的研究和政府协调，时空尺度的土地利用政策和水资源之间的相互关系是重点研究的课题之一。随着对干旱地区生态环境变化的重视，已经有一些研究者对概念模型进行了探讨，Kelly et al.（2013）设计了人类和生态系统的模型。Liu et al.（2014）提出了耦合人类和水文以及灌溉用地的系统，考虑了人类和环境的竞争。在区域可持续发展模式的制定中，则主要着重对自然因素控制下参与人类影响的人地系统和在人为因素控制下参与自然因素进行模拟。然而不仅由于许多人文因素的定量表达有困难，而且还有不少自然因素的表达也很有困难，从而影响人地系统的深入研究（Zhang et al.，2012）。此外，由于自然因素与人文因素数据获取单位的差异，再加上不同模型所需要的资料对时空尺度的反应各异，因此，获取能够同时反映自然因素与人文因素的地表特征值以满足模型的需要，选择土地生产力过程、区域经济和人口发展过程、植被覆盖度动态变化过程、水文水资源变化等案例研究开展综合模型的建立，有助于完善人地系统模型的构建过程。

专家和学者通过构建模型和方法用来对干旱区的水土利用进行研究，模型构建一般包括地表水、地下水、水质、能量平衡、作物生长等模块，有些模型也实现了和大气模型的单向（大气模型作为驱动）或双向耦合，而进一步耦合土地利用和社会经济模型则是极具挑战的前沿（Di Baldassarre，G. et al.，2013a）。研究发现，经济发展与生态环境之间存在交互耦合、相互作用的关系，生态环境与经济发展交互作用关系概念模型可以用来研究社会经济与水土资源的耦合关系（蒋晓辉，2001；喻小军等，2007），并讨论引起生态环境恶化的人类经济活动的影响情况，总结出各因子呈良性耦合发展趋势的管理方法（韩兴胜，2014；杨春伟等，2001；郑慧娟，2005）。严格意义上说，目前还没有包含了以上所有模块的集成模型，但许多模型已经包含了其中若干个组分，CLUE－S 模型等方法也成功应用于干旱地区的土地利用变化模拟（张华等，2004），但是总的来说土地利用建模研究还比较薄弱，进一步发展空间显式的土地利用模型依然是一个挑战（贾海峰，2001）。干旱区社会经济与生态经济模型强调的重点是水—生态—经济的协调发展，有些模型已经初步有了和土地利用污染等自然环境指标。进一步发展将经济模型与水文运用集成的模拟模型和管理模型，利用空间数据，将研究区域作为整体研究，才能既定量地描述流域过程机理，又能回答宏观层面的战略决策问题。

土地利用变化影响着水资源，水资源的变化反过来又会严重影响土地、生态、环境、经济的供给与需求关系的波动（Zhong et al.，2007；沈振荣等，2010）。因此，更好地了解土地利用变化如何影响水文过程将成为规划管理的关键问题和水资源的可持续发展（Elshafei et al.，2014a；Kandasamy et al.，2014；Liu et al.，2014c），虽然科学家早就认识到土地管理以及政策选择在影响水循环和水资源分布时空变化的重要性，但对土地利用和政策定量关系研究仍然不足（Baldassarre et al.，2013c；Emmerik et al.，2014；Gordon et al.，2008）。到目前为止，在特定的土地利用格局和相互关联的水文过程系统下，尽管对于政策评价已经建立了一些定量研究方法和数值模型，但仍然不足以揭示对土地利用的影响。从目前已有的研究来看，政策评价在土地和水资源利用方面的研究总体可分为定性研究与定量研究两类。

定性研究主要是对人类活动影响下的水文特征变化进行定性分析。通过将人类活动的具体行为进行细分，构建人类活动对水资源影响的概念模型，进而针对水文要素产生变异、洪旱灾害频现和水环境日益恶化等现象，提出监测、治理、预防等措施（Maneta et al.，2009；Mo et al.，2011；Montanari et al.，2013；Oki and Kanae，2006）。该类研究的重点和目的在于通过对现状的分析，提出未来解决水资源环境恶化问题的政策建议，但缺少对以往相关政策的梳理（Ruelland et al.，2011；Boumans R. et al.，2002）。尤其是在中国现有的体制下，历史上出台的相关土地利用政策对相关区域的耕地变化起着决定性的作用（Lambin and Geist，2006；Liu et al.，2014a；Liu and Yang，2012）。

定量研究主要贡献在于通过构建系统模型、改进模型参数等，分析、预测、模拟人类活动对耕地变化的影响（Chen et al.，2004）。也有通过运用自变量进行回归分析（Potter，1991；Programme，2007）等计量经济分析方法，研究能够影响土地变化的各种自然和人为因素。人类活动对水资源影响的定量研究法，在一定程度上提高了研究成果的科学性和可比性，但在模型构建、指标筛选的研究过程中，土地利用政策等社会系统的组成部分对水文环境变化的影响较难被定量化（王耕，2004；王浩，2002；王晓君等，2013）。在具体的资源管理问题中，相关研究者采用系统动力学方法，结合情景分析方法来研究干旱地区农业耕地和水文灌溉的一些主要问题（Christine Ornetsmüller et al.，2016；Dixit et al.，2005），尽管人们已经认识到传统的关于土地的认识局限了对水文的认识角度（Zhong et al.，2007；沈振荣等，2010），但是如对干旱地区内部的土地利用结构转变及相应政策选择的定量研究（Nagendra et al.，2004；Luo et al.，2010），仍然存在认识和评价上的不足，以往土地利用政策的成效、现有土地利用政策的实施以及未来土地利用政策的制定（Guo et al.，2009；He et al.，2013；Hering and Ingold，2012；Jacowitz and Kahneman，1995），在长时间尺度和大空间范围内对水文环境时空变化有什么影响是接下来研究的重点之一。

1.2.3 亟待解决的问题

由前所述，可见针对干旱区人地系统的研究成果已经十分丰富，传统的水资源研究的方法和思路也非常多样，相关政策选择方法的相关研究也取得了许多突破性的进展，也考虑到了从微观机理到宏观效果评价的各个尺度和层面的问题，大大改进了人们对干旱地区土地变化和水文制约可持续发展的认识和理解，为研究干旱区土地和社会水文的协调发展提供了新的思路，但依然存在着一些缺陷和不足，具体表现在：

第一，研究对象方面，缺少从土地系统与水文系统的双向互动过程去认识和研究人地系统。传统的研究中，通常主要考虑社会系统与土地系统，或者社会系统与水文系统之间的单向反馈过程，即便在一些研究中，考虑了土地系统与水文系统的双向互动过程，却欠缺对复杂的动态过程的深入描述；一些学者采用系统动力学方法或概念模型方法来研究系统的动态耦合过程，但未能考虑导致土地和水文系统演化的社会选择过程，因此难以反映复合系统耦合演化的关键规律，以及人为活动和政策行为的影响机理，从而难以对土地利用和水文行为进行长期预测做出指导和建议。

第二，研究成果方面，干旱地区农业耕地和水文灌溉的一些主要问题，如对干旱地区内部的土地利用结构转变及相应政策选择的定量研究，存在认识和评价上的不足。尽管人们已经认识到传统的关于土地的认识局限了对水文的认识角度，但对于耕地灌溉与社会行为及水文水资源要素之间的动态耦合机理仍然缺乏系统的、整体的认识，使得政策选择和管理实践难以优化匹配。从发展与环境相协调的角度，通过系统模拟和方案试验，是探索长期经济和城市化发展的预期下，政策作为一个基本的决策途径，是实现土地资源开发利用与水资源保护、生态环境可持续发展的基本战略的重要手段。

第三，研究方法方面，尽管土地科学和水文学为研究人类行为与水土系统的典型问题提供了历史研究、比较分析、过程分析三个主要的研究方向，一些研究成果也为认识社会水文系统的长期演化规律提供了初步的指导性的理论和模型框架，并基于概念模型研究的思路开展了一些典型中小尺度系统的耦合演化机理研究，而且在建立模型的过程中，采用的一般是统计数据，但是与地理空间数据的结合去讨论空间的演化还比较缺乏。因此，基于耦合演化的观点提出更加符合区域可持续发展的一般性的政策和制度建议也面临着研究方法上的约束。

1.3 研究内容和研究方法

1.3.1 研究内容

为了更深刻地理解干旱地区一定时间尺度下的人地系统中水土资源要素和政策制度之间的动态演化机制，以及社会认知在人地系统耦合演化过程中的反馈，实现干旱区域可持续发展与政策选择的综合匹配，本书以典型干旱区为例，通过模拟典型干旱区的人地综合系统，重点探讨耕地面积、灌溉用水、社会行为意识以及不同水土政策之间的关联和影响。同时发展了“社会敏感度”这一概念，分析了社会意识对政策选择的反馈和驱动作用，为指导土地利用政策和不同水土政策的选择，实现水资源约束下的人地系统可持续发展提供一种定量的研究思路。主要研究内容如下：

（1）通过土地分类，探索额济纳旗地区的土地覆盖和土地利用变化。结合空间自相关方法分析了区域发展型、环境保护型和粮食安全型土地政策对耕地时空变化趋势的影响。

（2）根据土地利用分类数据，利用土地利用分类数据和 Budyko 水文平衡方程识别研究区的水量平衡基本规律，通过与 ET - Watch 方法对比验证数据结果的有效性，同时分析水文政策对水平衡的影响。

（3）构建干旱区 PAIC 人地系统概念模型，设计耕地面积、灌溉用水、水土政策和环境模块，模拟适用于干旱缺水地区的人地系统的制度及政策分析框架。研究各模块耦合演化以及不同情景下水土政策选择对典型干旱地区人地系统的长期影响。通过将“社会敏感度”这一人类行为对环境的反馈变量引入模型，揭示土地利用政策和节水管理政策的不同选择组合对人地系统的影响机理，并利用模型的量化结果指导未来政策选择。

1.3.2 研究方法

（1）文献归纳法：收集整理国内外相关文献资料，掌握土地利用分类、经济学分析方法、地理学理论以及社会水文理论研究的最新进展。收集、整理、分类其他学者的研究成果，进而梳理耕地的驱动因素和对水资源影响及应对措施。

（2）基于 3S 技术的数据采集方法：随着遥感信息技术、地理信息技术、地理定位技术的不断发展和完善，使得土地利用研究在空间上的分析成为可能。本研究将运用这 3S 技术和实地考察，以获取研究区域历年土地利用变化数据。

(3) 统计学方法：统计学法为数据运算提供了一种有效的手段。本书运用了统计学的最小正交二乘以及优化方法，通过建立政策定量模型分析了政策因素和非政策因素在土地利用时空变化中的影响程度。

(4) 模型方法：采用统计建模、情景判断等定量与定性集成方法，逐步开展人地系统的研究。通过定量方法确定关键数据，在经过数据处理和分析讨论后，通过一定的定性建议，指导区域的未来发展。

1.4 技术路线和本书组织

1.4.1 技术路线

本研究基于干旱区人地关系理论，按照“土地分类——人地系统模拟——政策选择”的主线展开研究，首先分析了研究区50年以来的土地利用和覆被演变，结合耕地时空变化探讨不同土地利用政策对耕地时空变化的影响。然后根据土地利用分类数据，运用水文平衡方程识别了研究区的水量平衡基本规律。最后，设计了干旱区PAIC人地系统概念模型，分析人地系统的耦合演变特征，并将“社会敏感度”这一人类行为对环境的反馈变量引入模型，揭示对人地系统的影响机理，为未来土地利用政策和水资源管理政策的不同选择组合提供量化方法和思路。

1.4.2 本书组织

本书的内容始终围绕“土地分类——人地系统模拟——政策选择”这一主线进行论述。本书的组织结构分为五章，第一章为引言，第二章为研究区概况与数据资料，第三章为PAIC概念模型构建与机理分析，

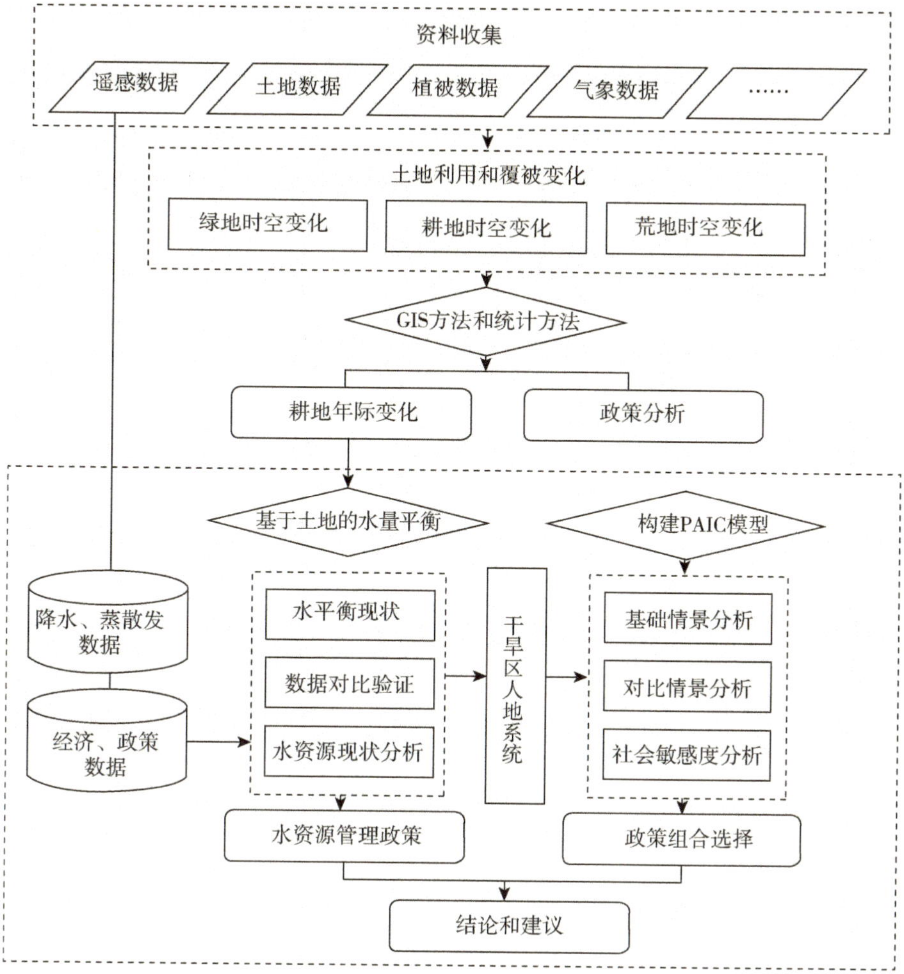

图 1－1 研究技术路线图

第四章为 PAIC 模型实证研究，第五章为结论与展望。其中，第三、四章为论文的重点，各章之间层层递进、紧密衔接。第三章的 PAIC 概念模型构建与机理分析是研究的理论基础与支撑条件，第四章是研究的应用实践。同时，第四章的 PAIC 模型实证研究通过三个步骤展开：第一步进行土地分类，为构建人地系统中的耕地模块提供数据准备，并分析具体土地利用政策的影响；第二步以土地数据为基础，计算相关水文数据，为人地系统中的用水模块提供数据准备，同时分析了具体水文政策的影响；第三步以抽象的土地政策和节水政策作为政策模块，结合耕地、水文和环境模块，构建 PAIC 人地系统模型，分析在政策、耕地、用水、环境四个因素耦合作用下各个子系统的反馈机理和动态演变，以及社会行为对环境的反馈。通过合理的政策组合实现资源发展和环境保护的协调发展。

第二章

研究区概况与数据资料

本章介绍了研究区地理位置、自然气候、土地和水资源的特点以及生态修复的概况。为了合理模拟人地系统并实现科学的政策选择，本章通过使用土地、政策、水文、气象以及社会经济数据进行处理和分析，为得到可靠的结果提供了数据基础。

2.1 研究区概况

额济纳旗地处中国北部边疆，位于内蒙古自治区阿拉善盟最西端。地理位置东经97°10′~103°7′，北纬39°52′ ~ 42°47′。东与阿拉善右旗毗邻，西南与甘肃省酒泉市交界，北与蒙古国接壤，总面积11.46万平方千米。年均降水量在39.8毫米左右，平均蒸发量为3537毫米，属于极其干旱的地区。它不但是西部文化发展和气候变化的重要地区，由于气候干旱，对环境的变化非常敏感，一直以来被看作是监测时空环境和气候变化的典型观察区域，许多科学项目都对这一地区进行了研究（方创琳，2004；冯异星等，2010；巩杰等，2014；胡静，陈银蓉，2007；黄庆旭等，2006；季劲钧，2004）。研究区域内的人类活动主要集中于东部的黑河、东河和西河沿岸，是额济纳旗地区历史悠久的唯一绿洲（额济纳旗绿洲）。由于受到人类活动的影响，该地区荒漠化进程加剧，沙尘暴天气频繁。城市发展与额济纳旗地区水资源短缺以及黑河因为上中游对水资源的过度利用影响的土地沙漠化、植被退化，以及生态环境总体恶化（Chen et al.，2005），已经对下游的绿洲产生严重影响，制约了额济纳旗经济和区域的可持续发展。

2.1.1 自然气候概况

额济纳旗地区的地貌由西南部剥蚀低山残丘、中东部冲积平原、湖盆洼地与南部巴丹吉林沙漠等类型组成。地质上属于天山、阴山地槽。位于华北陆台海西褶皱带内蒙古地槽西部边缘。北接蒙古国阿尔泰地槽，西界与北山北部断块相连，东与东南为阿拉善活化台块，南与祁连山地槽北部连接，是一个介于阿拉善活化台块与北山断块带之间的呈北—北东走向的断裂凹陷盆地。地形呈扇状，总势西南高，北边低，呈中间低平状。地域大部海拔高度1200～1400米，相对高度50～150米，平均海拔1000米左右，最低900米，最低点西居延海，海拔820米。主要山脉、山峰为马鬃山，海拔高度1600米。地处中亚荒漠东南部，西、西南、北三面环山，属内陆干燥气候。具有干旱少雨、蒸发量大、日照充足、温差较大、风沙多等气候特点。年均降水量在39.8毫米左右，平均蒸发量为3537毫米，据科彭—盖格气候分类，属于干旱的地区（薛忠歧等，2006；杨明金等，2009）。额济纳旗地区冬半年受到蒙古高压气流控制，夏半年受西风带影响，为大陆性气候，具有植被稀疏、冬季干燥低温、夏季炎热的气候特点（牛最荣等，2010；潘世兵等，2006）。据额济纳旗气象站提供的气候数据显示，地区年平均气温8.1℃，降水38.5毫米，潜在蒸发值3599.4毫米，由于额济纳旗区域内天然林木、农田面积少，戈壁、丘陵、沙漠面积的积温、散热，导致昼夜气温交差明显。冬季最低温度可低至－38.5℃，最高夏季气温可达43.1℃，昼夜温度差可达28℃（牛最荣等，2011）。

2.1.2　土地利用概况

额济纳旗行政辖区总面积为11.46万平方千米，全区主要被荒地和沙漠覆盖。根据2008年第二次全国土地调查数据进行规划基数转换，2008年末额济纳旗土地总面积为9675155.55公顷（不含与甘肃的争议面积），其中农用地337132.21公顷，占全旗土地总面积的3.48%；建设用地8668.81公顷，占土地总面积的0.09%；其他土地面积9329354.53公顷，占土地总面积的96.43%。土地利用特点是其他用地比重较高，同时土地集约利用水平有待提高，城镇工矿建设用地总规模预期达到3850.26

公顷，人均城镇工矿用地指标2116.04平方米/人，高于《村镇规划标准》（GB50188—93）的最高标准（人均150平方米）。

额济纳旗土地利用中主要存在生态环境脆弱、土地退化严重的问题。地表为有石砾的戈壁，而且水资源极其贫乏。额济纳旗区域本身生态系统极其脆弱，现有生态系统是特定生态环境条件下形成的平衡产物，所以地表的植物多为超旱生植物，具有不可替代性。历史上，清朝、民国时期，额济纳旗为纯牧业地区，别无农业耕地。1949年以后，额济纳旗在重点恢复和发展畜牧业的同时，兴起种植业。从1952年起，开始种植小麦和青稞等作物。这样严酷的自然状况，加之人口增加及片面追求眼前利益和经济效益，开垦林草地为耕地、扩大建设用地等不合理的土地利用，导致生态环境有加速恶化的趋势，土地退化十分严重。1998—2008年间黑河乔木林面积从24.2平方千米减少到15.4平方千米，以年平均0.9平方千米的速度减少。荒漠稀疏草地和戈壁沙丘面积却分别以年平均3.8平方千米和2.9平方千米的速度增加。特别是水源、城镇、居民点附近大面积的草场退化、沙化现象，对现存各业用地构成极大的威胁。尽管全旗沙漠化治理取得很大成就，但治理面积赶不上沙化增加面积，土地仍在退化。胡杨林作为额济纳旗绿洲的重要组成树木，七道桥胡杨林自然保护区现为内蒙古自治区自然保护区，保护区面积958公顷，占全旗土地面积的0.01%，是全旗植物生长最好的地区，以林灌景观为主，主要植物群落在梭梭、胡杨—柽柳、胡杨—苦豆子、柽柳—苦豆子以及沙蒿、甘草、芦苇等草本植物，对本区生态环境保护、畜牧业发展具有无可替代的作用，同时具有极高的旅游观光价值。

2.1.3 水资源利用概况

额济纳旗地区降水稀少，蒸发量大，几乎形不成地表河川径流，境内的水系可以分为地表水和地下水。额济纳旗境内，只有发源于祁连山北麓的季节性河流黑河注入区域，黑河地表径流每年下泄 1～2 次，分为冬水期和洪水期。冬水期一般在 12 月到次年 1 月，洪水期一般在 7—9 月。其源头有东源和西源两处。东源为黑河，古称“弱水”，当黑河水流入额济纳旗境内后，称为额济纳旗河。西源为桃赖河，源于甘肃省酒泉市内的祁连山麓，又称北大河，此源由酒泉北汇洪水坝河经临水，向北流经金塔县，再流入额济纳旗境内。额济纳旗河总长 243 千米，于狼心山分成东河和西河。两河继而又分为 19 条支汊，漫流于绿洲中部，最后在东、西居延海消失。共有哨马营、狼心山两个水文站及东居延海入湖巡测站等水文站网，河道平均宽 150 米左右，正常水位 1.5 米左右，平均流量 200 ～ 300 立方米/秒。额济纳旗河过狼心山分水闸后分为东、西河，进入额济纳旗三角洲又分支 19 条。境内河网总长度为 647 千米，流域面积 7.07 万平方千米，平均河网密度为 0.0092 千米/平方千米。地下水主要靠黑河补给，水力坡度在 1/2000～1/1000。地下水位变化受入境水量制约而上升或回落。地下水总补给量为 4.49 亿立方米/年，可开采量为 3.39 亿立方米/年，占总补给量的 75.5%。在可开采的资源中，适宜灌溉的淡水为 3.23 亿立方米/年，占可开采资源的 95.3%（卢爱刚，庞德谦，李筱琳，王天明 & 葛剑平，2008；高、马金珠，1997；李、马金珠，贾新颜，2005）。黑河自正义峡流出的水量是区内水资源的唯一来源，黑河流入下游地区水资源水量的多寡，取决于黑河向下游的泄水量。

近年来，由于水资源的不合理开发利用、人口增长对土地的过度开发以及过度放牧等原因，加上上游人口和耕地面积的不断增加，致使额济纳旗地区水资源环境持续快速恶化，河岸植被严重退化。耕地面积减少，其中常年有水的额济纳旗河变成季节性河流，1961 年嘎顺淖尔彻底干涸，苏泊淖尔也曾几次无水，最终在 1992 年干涸；土地荒漠化加剧、沙尘天气频繁发生。1950 年、1980 年和 1995 年，位于黑河下游的额济纳旗地区的径流量分别为 1.19km^3/年、0.94km^3/年和 0.69km^3/年，1999 年从 11 月到 2000 年 4 月径流几乎断流。直到 2000 年，沙尘暴多次袭击华北大部分地区后，“沙起额济纳旗”才引起了社会各界的重视。同年，国务院作出了黑河跨省分水和土地管理等重大决策，使额济纳旗地区脆弱的生态环境得以改善。调水后当地生态环境明显好转（张翠云，2004）。即使采取了调整水资源分配的措施，但仅靠调整水资源分配难以从根本上解决流域整体的水资源供需矛盾和减轻对水资源的需求压力。节水技术进步可以带来用水效率提高，但不一定带来用水需求的自动减少。随着工业化和城市化进程，未来的用水需求将会进一步增长，水资源供需矛盾将更加突出。

目前，额济纳旗地区除了生态需水用来保护景观和环境（王昱等，2011），其余的水资源分别被用于农田灌溉、林牧渔畜、工业用水、城镇公共和居民生活方面。2012 年，除了生态用水，78% 的水资源被农田灌溉用水利用，其次是 4% 的居民生活用水，而林牧渔畜、工业用水、城镇公共则仅在水资源的分区利用中占据 18% 的用水量。

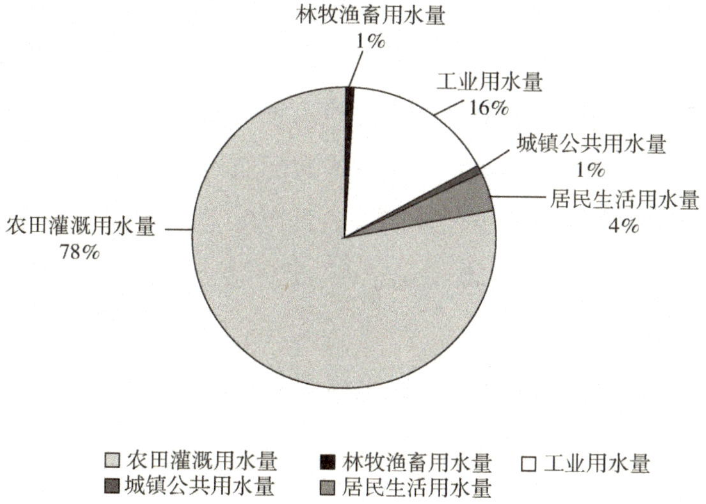

图 2－1　水资源分区利用现状图

2.1.4 区域生态概况

根据文献和已有的研究成果，近年来整个土地和水文系统可以分为三个阶段（Lu，Z. et al.，2014），分别为自然发展阶段（至18世纪）、人类开发阶段（18世纪至20世纪中叶）、生态恶化与恢复阶段（20世纪中叶至今）。第一阶段是自然要素变异主导社会水文演化过程的阶段。自然要素如气候条件的变化的影响远远超出同期人类活动的影响。第二阶段是人类活动逐渐取代自然要素成为主要因素的阶段，这一阶段最大的变化是人类社会生产力的迅速发展，这一发展同时呈现出加速势头。随着工业化技术在19世纪末被逐步引进，流域内短期内出现了人口、耕地、用水的急剧增长。第三阶段始于20世纪上半叶，当时中国社会处于内乱不止的动荡之中，人工生态系统缺少维护而退化，田亩荒芜，河道淤积。由于系统要素的反馈过程存在滞后，社会不稳定，缺乏后续维护的垦荒导致社会—水文系统平衡的进一步恶化。中华人民共和国成立后，在一方面逐渐稳定人口—耕地—资源关系基础上，又进行了新的垦荒活动，客观上进一步加剧了水资源紧张情势，流域内水资源分布严重异化，下游断流，上游土地方面出现盐碱化，水消费过程除了受困于水资源量短缺，开始出现严重的水质问题。相应地，由于人类社会影响的急剧增加，特别是上游和中游的农业发展，大量开垦荒地，进行粮食生产和大量用水，至20世纪末源流之一的北大河也逐渐断流，下游额济纳旗地区干旱加剧。

额济纳旗地区的农业活动可以追溯到公元前210年，历史上，在20世纪50年代，额济纳旗河流水充沛，年泄量12亿~13亿立方米，湖泊周围林茂草丰。至20世纪60—70年代，也仍然保持着绿洲湖泊的美景。随着进入80年代，灌溉面积自1949年至1985年间增长迅速，需水量随之增加带来的环境问题加剧，导致嘎顺淖尔、苏泊淖尔和居延泽湖泊干涸。黑河入该区域的年均径流量降至 4 亿立方米左右，造成林木成片枯死，沙漠化现象加剧。额济纳旗地区由于气候干旱，同时对农业生产和耕地灌溉的需求一直在增加，水资源形势严峻。自狼心山水文站 1998 年建站以来，年径流量一直呈现下降趋势。过去 50 年来，正义峡流入下游地区的年径流量不断减少，从 60 年代的 1.319 亿立方米降低到 2012 年的 0.691 亿立方米，总量减少了 48%。而狼心山的年径流量也相应从 50—60 年代的 0.546 亿立方米下降到 0.346 亿立方米，减少了近 0.2 亿立方米。

进入 20 世纪 90 年代以后，随着黑河中游地区用水量不断增加，黑河下泄水量逐渐减少，额济纳旗绿洲生态环境不断恶化，东居延海干涸，沙尘暴频发。为有效遏制生态环境恶化趋势，合理调配黑河有限水资源，国家制订了黑河分水方案。1999 年，额济纳旗被正式列入全国生态治理重点旗。2000 年，开始实施黑河干流水量统一管理调度。2001 年国务院批准了黑河流域近期治理规划，重点保护黑河流域十分脆弱的生态环境。同时在“西部大开发”中水资源与生态环境及退耕还林还草等工程的影响下，额济纳旗在实施黑河引水、生态环境保护和治理、水资源开发、矿产资产开发等方面的政策。2000 年后，额济纳旗围封禁封木草场 450 万亩，休牧草场 80 万亩，轮牧草场 10 万亩，同时由生态工程、水利工程、绿洲灌溉配套工程组成的额济纳旗绿洲抢救与生态环境保护工程也顺利完工，围封胡杨林 30 多万亩，安置移民 499 户。实施公益林保护、退牧还草、退耕还林等重大生态建设项目以来，2006—2010 年，额济纳旗新增国家重点公益林 118 万亩，完成人工造林 15 万亩，完成生态绿洲保护面积 506 万亩，连续 11 年成功实施黑河分水，45 万亩绿洲得到有效灌溉，东居延海水域面积保持在 40 平方千米左右。植物种类和生物多样性也在逐渐增强，林下植被覆盖度较封育前提高，胡杨林面积也由 30 多万亩增加到 44 万亩，同时也成立了胡杨林国家级自然保护区。生态环境恶化的趋势也得到遏制，局部明显改善，在“十一五”规划期间，额济纳旗东河地区地下水位平均回升 0.48 米，黑河地区平均回升 0.36 米，东居延海周边地区平均回升 0.48 米，草地、胡杨林和灌木林面积增加了 50 多平方千米。东居延海自 2004 年第三次补水入湖以后实现了连年不干涸，周边林草地的面积也得到增加，区域生活、生产和生态用水得到初步合理的配置。

2.2 数据资料

本文的数据资料主要由土地、气象、水文、政策整理、遥感数据等组成。

2.2.1 土地资料

耕地面积的历史实测数据则取自额济纳旗地方志，时间范围为 1960—2010 年。

为了获取耕地空间变化的数据，我们利用了分时段的卫星遥感影像图，通过解译研究区的遥感影像图得到每隔 10 年的土地覆被情况，将研究区分为六个一级类（耕地、林地、草地、水域、建设用地和未利用土地）。时间间隔为 1962—2012 年，共分为六个时间点，1962 年、1972 年、1982 年、1992 年、2002 年和 2012 年。研究选用数据源为 1962 年 1∶100000 地形图，1972 年 Landsat MSS、1982 年 TM、1992 年，2002 年和 2012 年 ETM 遥感影像，利用 ERDAS IMAGE 图像处理软件和 1∶100000地形图对上述影像进行几何校准和拼接，生成以上几个年份的影像图。在综合考虑遥感影像数据光谱信息和纹理特征的基础上，结合干旱区特点，对土地资源分类系统进行合并处理，将研究区土地利用/覆被划分为六个类型，包括耕地、林地、草地、建设用地、荒漠和耕地。数据从 http://earthexplorer.usgs.gov/和西部数据库（http://westdc.

westgis. ac. cn/）获取。

在遥感解译的基础上，对研究区耕地所在范围进行了实地考察。

为了对耕地空间位置进行定量描述，对比耕地面积的时空变化，将所得到的耕地图斑转为点，运用空间自相关方法进行耕地空间趋势分析。本文采用 Moran's I 指数计算全局空间自相关（Liu et al.，2005）计算研究区域内五个不同时间段中（1962—1972，1972—1982，1982—1992，1992—2002，2002—2012），不同土地利用类型与耕地之间相互转化的 Moran's I 系数，进而分析土地利用变化在不同区域内对不同耕地变化类型的影响。

按照地理学第一定律，空间的事物总在不同程度上相互联系与制约，而相近的事物时间的影响通常大于较远事物的影响，这种现象被称为空间自相关（Tang and Liu，2005）。其中全局空间自相关是对变量的观测值在整个区域的空间特征的描述，检验空间现象在整个区域上是否具有聚集效应。

$$I = \frac{N}{\sum_{i=1}^{N}\sum_{j=1}^{N} W(i,j)} \times \frac{\sum_{i=1}^{N}\sum_{j=1}^{N} W(i,j)(X_i - \bar{X})(X_j - \bar{X})}{\sum_{i=1}^{N}(X_i - \bar{X})^2} \qquad \text{（公式 2-1）}$$

其中：N 为研究对象的数目，X_i 为观测值，$\bar{X}$ 为 X_i 的平均值。$W(i,j)$ 为实体 i 与 j 之间的空间连接矩阵。I 值介于 -1 与 1 之间，$I > 0$ 表示空间正相关，空间实体呈聚合分布；$I < 0$ 表示空间负相关，空间实体呈离散分布；$I = 0$ 则表示空间实体是随机分布的，且 I 值越大表示空间分布的相关性越大。要进行空间相关分析，首先需要定义空间权重矩阵，本文采取简单的二进制邻接矩阵来定义二元对称空间权重矩阵，公式为：

$$W = (w_{ij})_{n \times n}$$

其中：i 和 j 是表示区域，w_{ij} 表示区域 i 与区域 j 的邻近关系，根据邻接标准或距离标准来度量。当区域 i 和 j 相邻时 $W = 1$；当区域不相邻时 $W = 0$，区域与它自身的邻近关系也为 0。定义了空间权重矩阵后，我们就可以进行空间相关分析。空间自相关是一种在地理位置上的随机变量的值之间的空间依赖性的度量。最常用的就是指标 Moran's I（1948），它是用一个单一的测试统计表明两类空间自相关性——正相关和负相关（Moran，P. A. P.，1950）。

基于以上公式和理论，我们计算出每个时间段的耕地空间 Moran's I，并通过了蒙特卡罗检验，结果如图 2－2 所示。

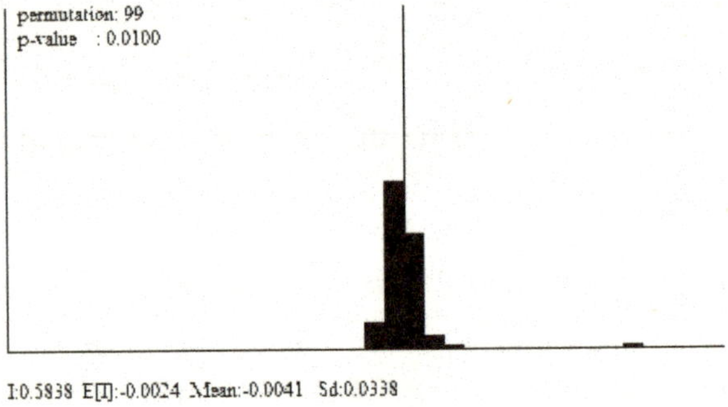

图 2－2　蒙特卡罗模拟检验图

由图所示，在正态分布 99% 的置信区间内检验结果期望值为 －0.0024，方差为 －0.0041，标准化统计量为 0.0338，表明在 1% 显著性水平下耕地分布存在全局正相关性，进一步验证了 Moran' s I 值的可靠性，为后文的分析做好了准备。

全局空间自相关可以描述某现象在空间中相似属性的聚集程度，但其并不能确切地指出聚集区的空间位置。本文选用 Local Moran's I 指数来衡量局域空间自相关性，补充对空间要素的异质性特性的描述，推算出聚集的空间位置和范围。

$$I_i = \sum_{j=1}^{N} W(i,j)(X_i - \bar{X})(X_i - \bar{X}) \qquad \text{（公式 2－2）}$$

式中，N、X_i、$\bar{X}$、$W(i,j)$ 含义同式（2－1），LISA 的 Z 检验为 $Z(I_i) = \frac{(I_i - E(I_i))}{\sqrt{Var(I_i)}}$。

2.2.2 政策资料

中国的土地所有制中，城市市区的土地属于国家所有，包括森林、水流、矿藏、草地、荒地、滩涂等自然资源。农村和城市郊区的土地，除由法律规定属于国家所有的以外，属于农民集体所有。中国公民对土地享有使用权，而不具有所有权。由于中国经济运行中的特殊性及土地这一重要生产资料在经济运行中的特殊作用，中央运用土地政策来参与国民经济的宏观调控。中国的土地政策由中国政府和国土资源部来制定，各省市按照国家宏观政策予以施行。针对各省市的一些特殊的情况，可以有针对性地制定一些规章制度来予以补充，但总体上仍然需要遵循国家的土地管理政策，不可以违背。这与一些国家比如美国的土地政策有所不同，美国各个州的权力是较为独立的，可以制定一些州的土地管理政策。因此本文选取的土地政策是过去50年内施行的较为重要的有代表性的政策，每个政策包含了具体实施措施和详细规划，并将其按照目的进行细分、研究。数据来源于国土资源部网站。

在收集政策的过程中，第一，在中国国土资源部网站收集全国性的土地利用政策文件及土地制度改革文件。第二，通过在研究区域的国土资源局、水务局、环保局、林业局、发改委、旅游局等相关部门收集地方性的土地利用政策及相关文件。第三，通过对地方政府主管部门负责人和当地群众的访谈，记录并整理访谈中关于土地利用政策及与土地利用、城市开发和实施情况等相关内容。通过筛选、整理、绘制得到土地利用政策时间演化图表2-1。根据土地利用政策的目标导向性，进一步将这三类土地利用政策细分三类，其中RD表示区域发展型土地利用政策（10项）、EP表示环境保护型土地利用政策（10项）、FS表示粮食安全性土地利用政策（10项）。

表 2－1　土地利用政策列表

分类	编号	起始年份	政策名称
RD	1	1966	关于城镇土地国有化请示提纲的记录
	2	1986	中华人民共和国土地管理法
	3	1994	中华人民共和国城市房地产管理法
	4	2000	西部大开发计划
	5	1962	农村人民公社工作条例草案
	6	2006	全国土地利用总体规划纲要
	7	1985	集镇实行统一开发、综合建设的几点意见
	8	1986	额济纳旗土地开发“九五”规划
	9	1996	额济纳旗绿洲可持续发展规划
	10	1996	额济纳旗土地利用总体规划
EP	1	1973	基本建设中节约用地规定的指示的通知
	2	2000	关于进一步做好退耕还林还草试点工作的若干意见
	3	2008	关于促进节约集约用地的通知
	4	1984	关于黑河下游环境保护办法
	5	2001	黑河流域近期治理规划
	6	1996	土地利用总体规划
	7	1998	土地管理法实施条例
	8	1986	额济纳旗土地整治规划
	9	2001	额济纳旗土地复垦管理“十五”计划纲要
	10	2006	额济纳旗土地复垦管理“十一五”计划纲要
FS	1	1994	基本农田保护条例
	2	1997	关于进一步加强土地管理切实保护耕地的通知
	3	2003	关于进一步采取措施落实严格保护耕地制度的通知
	4	2006	省级政府耕地保护责任目标考核办法
	5	1979	关于加强农村人民公社开荒管理工作的通知
	6	1979	家庭联产承包责任制
	7	1982	额济纳旗农业发展目标
	8	1998	关于冻结非农业建设项目占用耕地的通知
	9	2001	省级政府耕地保护责任目标考核办法
	10	2005	关于进一步做好基本农田保护有关工作的意见

2.2.3 气象资料

由于缺乏对研究区实际的年蒸发量数据，我们使用改进后的 Penman - Monteith 模型推导出蒸散量数据，符合联合国粮食和农业组织用于蒸散的全球标准。所有观察到的每日气象资料，由中国国家气象信息中心提供，包括每日降水、气温、饱和水汽压、日照时数、天文辐射值、风速等。

ET - Watch 是用于区域蒸散遥感监测的业务化运行系统，集成了具有不同应用优势的遥感蒸散模型，应用 Penman - Monteith 公式和逐日气象数据与遥感反演参数，获得逐日连续的蒸散分布图（吴炳方等，2008）。ET - Watch 的数据处理过程如图 2 - 3 所示（Wu et al.，2012；Xia et al.，2014；Xiong et al.，2011）：

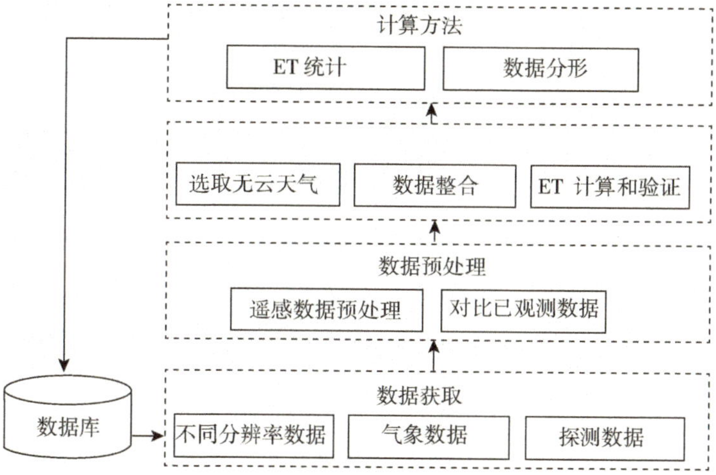

图 2 - 3 ET - Watch 模型计算方法示意图

应用此水平衡模型来对额济纳旗流域进行模拟，需要对其作一定的修正和调整（周国华，2002；朱高峰，2004）：（1）由于地理条件限制，该区域流域几乎没有降雪，也没有积雪蓄水池的环节，其降水均由降雨所组成；（2）土壤水分蒸腾的实际蒸发量由 ET - Watch 模型求得，而潜在蒸发量的计算通过彭曼方程实现（K. Mantoudi，2007）。

在这个基础上，利用水量平衡模型计算空间的水平衡情况（周国华，2002；朱高峰，2004），实际蒸发量由 ET - Watch 模型求得（K. Mantoudi，2007），从而计算得出净流量。使用均方根误差 root mean squared error（RMSE）来验证精度，定义为：

$$RMSE = \sqrt{\frac{1}{n} \times \sum_{i=1}^{n} (Q_{obs,i} - Q_{sim,i})} \qquad （公式 2-3）$$

其中，$Q_{obs,i}$（m^3/a）是观测径流值，$Q_{sim,i}$（m^3/a）是推算的径流值，n 是验证的时间时长，采用可在流域径流出口的测量值来校准模型精度。

2.2.4 水文资料

额济纳旗地区每年的径流数据从额济纳旗水务局收集。径流量采用 Budyko 水量平衡方法计算。

Budyko 方法在过去很多研究者的研究中得到运用（Tang et al.，2007；Tekleab et al.，2011；Turner，2008），将这个方法应用到新疆、黑河流域等干旱区域，并获得了良好的研究效果。其计算假设前提是认为在一个长时间尺度τ内（$\tau \geq 5$ 年），流域的水储量 S 的变化可以被忽视（$S \approx 0$），即多年平均流域储水变量的值约为零，还认为区域长时间尺度的年均蒸发量是由流域的降水和大气决定的。

$$dS/dt = P - E - Q \qquad （公式 2-4）$$

S 流域在时间 t 下的水储量，P、Q 和 E 分别代表年降水、径流和蒸发总量。

假设 S_b 是某个时刻蒸发量 e 下的水桶容量，那么容量 s 在任意时间都不会超过 S_b。

$$q(t) = 0 \qquad \text{for } s < S_b$$

$$q(t) = p(t) - ep(t) \qquad \text{for } s = S_b \text{ and } p(t) > ep(t)$$

（公式 2-5）

$$s(t+\Delta t) = s(t) + p - e_p \frac{S(t)}{S_b} - k \times S(t)$$
$$= s(t) + p - e_p \frac{S}{te} - \frac{S}{tc}$$

（公式 2-6）

其中：时间尺度 te 是流域蒸发的相对平均停留时间（在特定的大气环境下），k 和 tc（$tc = 1/k$）是集水常数，tc 被称为停留时间或平均为流域潜流的停留时间。

对于每年的水平衡，在年际时间尺度流域的水量平衡方程可以表示为：

$$dS/dt = P - Q - E$$

（公式 2-7）

P 代表降水量（mm），Q 是地表径流总量（mm），E 是实际蒸发量（mm），dS/dt 是每个时间段的储水量变化（mm）。通过假设存储波动在很长的时间尺度可以忽略不计，当 $\tau \geqslant 5$ 年可以简化为：

$$P - Q - E = 0$$

（公式 2-8）

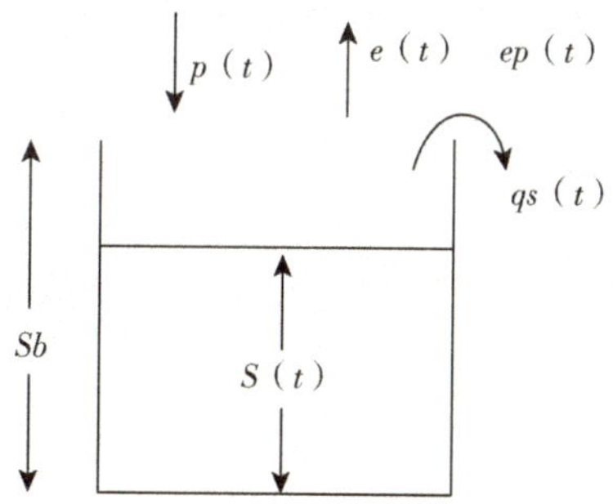

图 2-4　简单的水桶模型示意图

对于干旱区域，$E_p > P$，存在两种可能：$P < S_b$ 和 $P > S_b$。（1）当 $P < S_b$（无论是 $S_b < E_p$ 还是 $S_b > P$），水桶不会装满，因此没有径流形成，年实际蒸发量和年降水相同，即 $E = P$ 或者 $E/P = 1$，如图 2-5 左侧的图所示。年末时最大的存水量就是降水 P，水桶会在 $t_w + P/e_p$ 时刻为空。（2）当 $P > S_b$，水桶会在某一个湿润的季节装满，一直持续到湿润季节结束。转折时间 tp（水桶满水的时刻）是由 S_b/p 决定的。这个时间之后，水桶会在以 e_p 的速率减少，最后在 $t_w + S_b/e_p$ 时刻为空。积累的径流量为 $p*(t_w - t_p) = P - S_b$，相应的年实际蒸发量是 S_b（不同于前一种情况，前者等于 P），或者 $E/P = S_b/P$（显然会比前一种情况量少），如图 2－5 右侧的图所示。

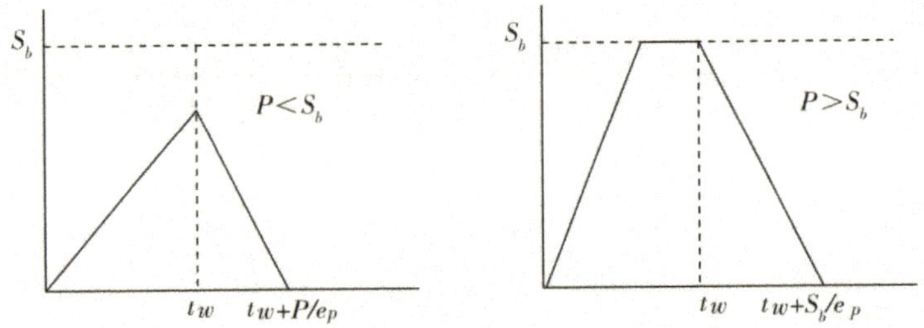

图 2－5　不同降水下的水平衡示意图

基于以上原理，本研究区的蒸发量计算方法整理如下（Fu et al.，1981；Zhang et al.，2004；Z. Liu，2012）：

$$\frac{E}{P} = 1 + \frac{E_0}{P} - \left[1 + \left(\frac{E_0}{P}\right)^w\right]^{1/w} \quad \text{（公式 2－9）}$$

$$\frac{E}{E_0} = 1 + \frac{P}{E_0} - \left[1 + \left(\frac{P}{E_0}\right)^w\right]^{1/w} \quad \text{（公式 2－10）}$$

其中，E_0是潜在蒸散发量，用 Penman - Monteith 公式估算。w 是由 E_0/P 决定的模型参数，是一个流域的参数，对于 HRB 黑河流域，我们设定为 3.5（Yang et al.，2007）。对于蒸发量 E 而言，来源于降水、地下水和区域灌溉用水。因此蒸发量 ET 为：

$$E_{total} = \sum_{i=1}^{3} E_l + S_l \quad \text{（公式 2－11）}$$

E 表示总作物蒸散发量，l 是土地利用类型的数量（人工绿洲、自然绿洲和荒地），E_l是根据不同土地利用类型 l 的作物蒸散发，S_l是土地利用类型 l 的面积。

潜在蒸散量具体计算公式如下：

$$ET_0 = ET_{rad} + ET_{aero}$$

$$= \frac{0.408\Delta(R_n - G)}{\Delta + \gamma(1 + 0.34u_2)} + \frac{\gamma \frac{900}{T+273} u_2(e_s - e_a)}{\Delta + \gamma(1 + 0.34u_2)} \quad (公式2-12)$$

$$R_n = R_{ns} + R_{nl} \quad (公式2-13)$$

$$= 0.77 \quad R_A\left(a + b\frac{n}{N}\right) - \sigma\left(\frac{T^4_{max,K} + T^4_{min,K}}{2}\right)(0.34 - 0.14\sqrt{e_a})\left(1.35\frac{R_s}{R_{so}} - 0.35\right)$$

式中，R_n、R_{ns}、R_{nl}、R_A、R_s、R_{so} 分别为净辐射、净短波辐射、净长波辐射额、碧空太阳辐射、短波辐射、晴空太阳辐射，MJ/m².d；Δ 为饱和水气压与温度曲线的斜率，kPa/℃；G 为土壤热通量，MJ/m².d，当计算时段为1和10d时，土壤热通量相对较小，忽略不计；γ 为干湿表常数，kPa/℃；T 为旬平均温度［$T = (T_{max} + T_{min})/2$］，℃；$e_s$、$e_a$ 分别为饱和、实际水汽压，kPa；σ 为 Stefan－Boltzmann 常数，为 4.903×10^{-9}MJ/m².d；$T_{max,K}$、$T_{min,K}$ 分别为最大、最小绝对温度（K＝℃＋273.16）；其余参数同上（Bios，et al.，2008）。

2.2.5 社会经济资料

包括额济纳旗地区每年的国内生产总值（GDP）、人口、粮食播种面积等，数据从西部数据库（http：//westdc. westgis. ac. cn/）申请。

第三章

模型机理和理论

构建人地模型的前提是探讨基础理论并梳理其内在机理，本章通过梳理人地系统研究的理论前提，具体分析了干旱区的人地系统特点和问题，进而探讨人类活动和环境变化对人地系统的影响机理，以此作为探讨水资源制约下的干旱区人地系统的调控和政策选择的研究基础。

3.1 人地系统相关基础概念

3.1.1 土地和土地利用

土地是地球陆地（包括水域）的表层，由土壤、岩石、水文、气候、植被等组成的自然综合体。作为人类生活和生产活动的基地，一切可利用的自然资源中最基本、最宝贵的资源，土地是人类创造物质财富的重要源泉和凭借（毕宝德，2001）。

土地利用是人类为经济的和社会的目的，通过各种使用活动对土地长期或周期性的经营。一个国家国民经济各部门的生产建设都要落实到土地上，土地利用的广度、深度和合理程度是它的生产规模、水平和特点的集中反映。

本文主要侧重研究的是土地利用中的耕地利用，利用相关遥感影像和土地现状图进行耕地的数据处理。

3.1.2 土地分类和土地利用分类

土地分类是土地科学的基本任务和重要内容之一，也是土地资源评价、土地资产评估和土地利用规划研究的基础和前期性工作。土地分类是土地类型的划分，其理论是建立在类型学基础上的。其分类单位是从区域土地个体单位所具有的相似属性中归纳出来的，具有抽象性和概括性。

土地利用分类是指根据土地的个别性状或综合性状的相似性和差异

性，一国或一地区将其全部土地划分成若干类别。目的是便于切实掌握土地资源状况，改善土地利用。

本文主要是采用地理信息系统的方法，选取时间节点，将研究区进行土地分类，将土地分为耕地、荒漠等土地类别。

3.1.3 人地关系地域系统

人地关系地域系统（简称人地系统）是人类长期适应、利用和改造自然而形成的人地关系地域综合体，是人与地以区域为依托形成的一个自然—经济—社会的多层次、多变量、时间和空间相协调的复合系统。

本文主要是研究干旱地区在农业发展和环境保护相平衡的过程中，其人地系统的主要组成部分，如耕地利用、灌溉用水，以及人为活动中政策选择行为对整个系统的影响。

3.2 干旱地区人地系统概况

3.2.1 干旱地区人地系统的特点

干旱、半干旱地区，一般是根据干旱程度划分农业地区类型时所使用的概念。国际上一般将年平均降水量在250毫米以下的地区称为干旱区（杜建材，2000）。据联合国教科文组织统计分析，世界干旱、半干旱地区总面积约占地球陆地总面积的三分之一（陈曦等，2013）。短缺的水资源和人类的不适当的经济活动常常导致严重的生态问题。近年来人口增加所引发的对资源环境需求，加之气候变化剧烈，造成森林被大规模砍伐，城市化和基础设施建设等地表覆被变化剧烈，均对地表生态与环境产生了深远的影响。地表生态、水土不平衡造成干旱、半干旱地区及其他生态环境脆弱区域内人类社会经济—生态环境失衡，诱发了一系列的生态环境问题，土壤质量下降，盐渍化、沙漠化程度增加，生物生存空间减少，生物多样性、生态系统稳定性大大降低。

我国西北干旱地区面积广大，自然环境严酷，持续干旱、风沙尘暴、植被退化、土地荒漠化、盐碱化等现象频繁发生，是生态环境的强度脆弱区。这样的气候变化和生态脆弱性背景下的人地矛盾问题以及人与地耦合系统中的社会经济与生态环境的研究，一直是干旱区域生态、经济发展的研究重点。干旱区人地系统作为人地系统的一种形式，除了同样具有动态性、复杂性之外，还具有以下三方面的特点：

第一，干旱区人地系统成为易受自然和人文因素复合影响的极其脆弱的系统。

中国西北干旱区随着降水稀缺，水分收支失衡，地下水位下降，区域的长期干旱化趋势有加剧的态势。人地系统在自然和人文因素的共同影响下，自然因素的任何变动都会引起系统的极度不稳定性，而人类活动影响下的人文因素使干旱区内陆河流域人地关系地域系统更不稳定。地理位置及其气候等环境条件的特异性，使得风沙灾害、旱灾、土壤盐渍化等自然灾害频发，生态环境极其脆弱。

额济纳地区位处阿拉善高原，自第四纪以来，气候一直较为干旱，其荒漠景观早已基本确定。且总的地形向东北倾斜，造成水盐在居延海盆地聚集，干河床留下了丰富的沙源，在风的作用下不断搬运堆积，加速了额济纳旗地区的沙化进程。

第二，干旱区人地系统是以水文过程为主导的开放系统。

干旱区内陆河流域人地关系地域系统是以干旱区内陆河为单元、以山地系统为基础、以绿洲系统为核心、以荒漠系统为背景的，人类活动和资源环境的相互作用而形成的，自然—经济—社会复合的，时间和空间相协调的非线性耦合系统。该系统是资源环境系统和社会经济系统的相互交织以及相互影响反馈而紧密结合构成的一个整体。经济社会—资源环境耦合系统的内部存在着紧密的互动关系，它们之间不断进行着物质与能量的交流过程。即经济社会的高速发展需要资源环境中的物质能量的不断投入，这些投入经过在经济系统中的转化形成了各种具有使用价值的产品，同时也产生了大量残余物，这些产品及残余物最终又将流回自然环境。

额济纳旗流域上游的山区降水比较丰富、气温较低，下游地区由于受高山阻挡的影响，暖湿气流难以越过高山到达此处，又因为受北部沙漠下垫面和东北方向的蒙古高压气团的巨大影响，使得降水稀少。在干旱区内陆河流域人地关系系统中，各子系统以自然要素和人文要素为系统要素，以山地、绿洲和荒漠为系统结构来形成整个大系统，区域系统内部各要素之间、各子系统以及流域人地系统与其他系统之间，以绿洲—荒漠之间的水文过程作为主导，不断进行着能量、物质和信息的交换与传递。这种交换和传递是系统实现相对的、动态平衡的基础，是流域人地系统产生有序结构的必要条件。

第三，干旱区人地系统具有可调控性。

地理学在研究全球气候变化及其区域响应、区域水循环和水资源利用、土地利用及土地覆被变化、增温气体的环境生物地球化学循环、国土整治、区域发展、人口及产业转移和城市化过程等，在这些重大的、前沿的研究领域，构成无一不包括人地关系及其相互作用的内涵。对自然环境、国土整治和区域发展领域进行研究工作，能够为全球变化对区域的影响和科学地实施可持续发展战略提供科学的分析和建议。

良好的水资源条件和生态环境可促进干旱区内陆河流域社会经济的快速发展，也使得人类作用于资源环境的强度得到了明显的提高。资源环境的优劣情况便会通过水资源要素、土地资源要素、生物资源要素以及大气水体环境要素等对流域人地系统进行反馈，利用这种反馈机制，人类便可以通过增加资源集约利用、环保投入等技术，再结合政府的政策法规手段，双管齐下地对生态环境进行良好的治理和改造。即人类可通过合理的规划、调控促进人类和自然之间的和谐共存、协调发展，实现对人地系统的优化调控。

3.2.2 干旱地区人地系统的问题

尽管由于降水少，蒸发大，气候干旱，干旱地区在开展农业生产过程中，其农用耕地几乎完全依靠人工灌溉，但是农业经济的持续发展依然会导致耕地面积的不断扩大，从而形成研究区特有的“荒漠绿洲，灌溉农业”的格局。水资源总量受地表水可利用量、地下水可开采量限制，只能实现有限的供应。有限的水资源是维系绿洲的命脉，使绿洲生态、绿洲耕地增幅较大，传统的灌溉模式又使水资源配置过多，一方面扩增耕地，侵占草场及荒漠生态面积。而研究区特殊的地理位置及自然环境决定了有限的耕地资源与脆弱的生态环境相邻相伴；另一方面，农业用水强行挤占生态用水，落后的灌溉模式、较单一的产业结构进一步加剧了水资源与生产、生态之间的矛盾。环境愈加脆弱和人地矛盾日趋严峻，已成为人地关系的焦点问题。干旱区存在的人地系统问题可以归纳为：

第一，耕地问题。干旱地区的土地利用格局，在区域上表现为两种密切相连的不同变化：一方面，在靠近水源和流域中上游地带，农耕发达且人口密集，一般形成集约化、灌溉系统完善的土地高度集约利用格局；另一方面，在远离水源或流域中下游地带，随水资源被袭夺程度的不断提高，天然生态体系破坏不断加剧，土地利用格局表现为高度破碎化的天然植被向优势度高的荒漠化景观发展。这种土地利用类型与格局的区域变化，实质上是以绿洲耕地动态变化为中心的具体表现，也是影响干旱区生态环境变化的主要原因之一。研究以耕地为核心的干旱区土地利用变化规律，分析如何控制这种演变，使自然生态系统与人类生态系统实现生物共生与协调是干旱区绿洲可持续发展研究始终需要解决的问题。额济纳旗的耕地仅占全旗土地总面积的3.48%，且因部分土壤呈现盐碱化，缺水缺肥。土地退化严重，荒漠稀疏草地和戈壁沙丘面积却分别以年平均3.8平方千米和2.9平方千米的速度增加。尽管全旗沙漠化治理取得了很大成就，但治理面积赶不上沙化增加面积，土地仍在退化。因此，仅靠扩大耕地实现农业经济增长，不是现阶段乃至今后农业可持续发展模式。

第二，水资源问题。经济快速发展地区工业化和城市化的加速发展对耕地的占用使得区域人地关系日趋紧张。从发展的角度看，若缺乏科学的用水与土地调控机制，人地关系矛盾将直接制约这些区域经济的可持续发展。额济纳旗地区降水稀少，蒸发量大，几乎形不成地表河川径流，境内的水系可以分为地表水和地下水。额济纳旗境内，只有发源于祁连山北麓的季节性河流黑河注入区域，受到上游用水影响较大。加上上游人口和耕地面积的不断增加，致使额济纳旗地区水资源环境持续快速恶化，其中常年有水的额济纳旗河变成季节性河流。即使采取了调整水资源分配的措施，但仅靠调整水资源分配难以从根本上解决流域整体的水资源供需矛盾和减轻对水资源的需求压力，未来的用水需求将会进一步增长，水资源供需矛盾将更加突出。

第三，生态环境退化。在人类活动强烈干扰自然生态系统的过程中，生态环境体系出现由于不稳定波动而超出生态安全阈值的显著退化。农、林、牧等种植业的万元产值耗水量远高于工业及其他行业。额济纳旗以农为主且耕地中中低产田居多，有限的水资源绝大部分被拦截于绿洲区，致使因水源缺乏而生态脆弱，人为加剧了土地的荒漠化程度。此外，额济纳旗农业新增耕地大都是通过开垦荒漠来获得，但由于水资源的不合理开发利用致使离水源较远的已垦耕地继而撂荒，人为减少了草地面积，增加沙化、碱化和荒地面积。

3.2.3 干旱地区人地系统失调的原因

人地系统必须以围绕人的生存和发展的需要以及满足这些需要而从事活动所涉及的对象来确定人地系统的组成要素，本质上人地系统就是统一的社会—自然综合体。换句话说，人地关系中自然因素和人文因素共同作用，互相关联、互相影响，构成了人地系统组成的多种要素。地球表层系统的动态变化主要受控于其变化的驱动力。美国全球变化委员会将其划分为自然驱动与人类驱动两类。人类驱动主要包括土地转变、人口与其收入的变化、技术的变化、政治经济制度的变化以及文化的变化等（史培军，1997）。

第一，干旱区水资源分配不均是人地系统失调的自然驱动原因。

地球表层系统的动态变化的自然驱动，主要是指由于流体地球与固体地球的变化对地球表层的作用，其突出的标志是气候、土壤、水文过程以及地貌过程对地表特征的改造（史培军，1997）。中国西北地区正好处于四大水文循环的空缺带，其特殊的地理位置决定了西北内陆河流域近地表大气层的含水量少，从而降水稀缺，造成了西北地区主要靠流域水分垂直循环系统和水文封闭性循环系统维护其生态系统的水分均衡的局面，但由于蒸发量远小于降水量，使得西北地区水分收支失衡，地下水位下降，气候长期向干旱化方向发展。干旱程度的增加使车尔臣河流域经济发展和生态安全所依赖的水资源具有更大的不确定性。而水资源的这种不确定性很容易造成其不合理开发利用。由于车尔臣河流域内蒸发量大的气候条件和相对封闭的地形条件以及地区土壤的水、盐背景值及其分布是决定植物生态种群自然选择的关键因子，因此总体上的水资源极端匮乏及其不合理开发造成了流域内人地关系的失控。

第二，政策管理应变不足是人地系统失调的人为驱动原因。

地球表层系统急剧变化，集中体现在“人”和“地”的关系。这种变化的结果是使赖以生存的资源基础、生态和环境基础不断受到破坏。我国可持续发展的严峻态势及所表现的问题是“人”和“地”两方面不协调乃至对立所造成的。

在国家和区域范畴内，政府可能制定和实施影响、干预“人地关系地域系统”的政策，包括经济增长政策（如速度控制）、产业政策（如主导产业和新经济增长点）、生态环境损失补偿政策及资源价格政策，以及特殊的地区性用水、占地、用电、保护野生动植物政策，等等。许多政策，本身是不能量化的，但却可以产生量的影响。揭示这种量的影响是政策效应分析的主要内容。在进行政策及其效应分析的过程中，可以通过编制政策参数来模拟分析和预测措施与政策对系统的状态及其他的要素变化（量）的影响。人类影响、干预“人地关系地域系统”的政策及其效应分析是进行人地系统变化预测的基础。

3.3 人地系统影响机理

人地系统是由人类社会及其活动的组成要素与自然环境的组成要素相互作用和影响而形成的统一整体。人地系统是人与地相互作用的动态体系，当两者之间相互促进的因素多于相互制约的因素时，即正反馈关系占优势时，人地系统向前推进演变；反之，人地系统停滞不前或者退化。

本文从流域人地系统中社会经济和资源环境两个子系统的相互耦合关系出发，确定从人口数量、耕地发展、政策选择三方面将社会发展子系统予以内涵扩充和综合；从耕地压力、灌溉用水压力两方面，将环境持续子系统予以指标分解和细化，用来反映政策行为响应下的土地生产和水量利用，从而通过分析社会敏感度状态，对人地系统进行调控和管理。

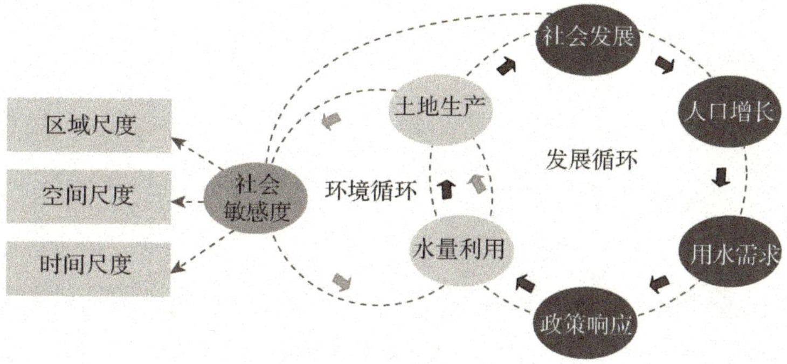

图3-1 系统循环结构图

（两个循环环路，一是经济社会发展循环，另外一个是环境循环）

图3-1中，“发展”循环体现的是一种土地和水资源以及政策、人口等主要资源相结合，以从耕地上收获农作物的形式产生经济收益。“环境”循环利用社会敏感度变量联系了人类和环境之间的关系（Turner，2010）。

人类影响干预人地系统的政策及其效应分析，是一种定量研究的反馈分析。由于不同的区域人地系统具有不同的问题，需要对具体系统作出具体的诊断。对于某一个区域，子系统在人地系统不同的演进阶段对巨系统的作用是不同的，是驱动还是相反，都需要进行适时判断。与此相关的问题就是要采取不同的优化和调控措施。由于人地系统内部各子系统和要素间存在“反馈机制”，因此，可以将其作为人地系统的调控点，通过模型技术，在人口、经济、社会与资源、环境之间寻求一种理想的组合状态，以便在空间结构、时间过程、整体效应、协同性等方面，使区域的物质流、能量流、信息流达到合理的流动和分配。持续发展是人地系统优化的一条新的思路，人地系统优化的途径是把人类需求控制在自然系统的承载之内，加强政府的干预和公众参与的力度。

3.3.1 人地系统的要素组成

以系统原理，“人”和“地”两方面的要素需要在客观规律之间相互作用的基础上，交错构成具有其特有的内部功能机制和结构特征，在空间上占据一定地域范围的陆地表层，进而构成人地系统。对人地关系地域系统的各个组成部分及其相互关系用各种指标体系加以测量，进一步在可持续发展的总目标下探讨人地关系的社会应变协调途径和环境保护措施。人地系统必须以围绕人的生存和发展的需要以及满足这些需要而从事活动所涉及的对象来确定人地系统的组成要素，本质上人地系统就是统一的社会—自然综合体。换句话说，人地关系中自然因素和人文因素共同作用，互相关联、互相影响，构成了人地系统组成的多种要素。

长期以来，人地关系的研究偏重于理论探讨，即便是可持续发展论也是作为一种发展的抽象理念和模式，从近代的地理环境决定论到现代的可持续发展论，都是针对抽象的人地关系从哲学层面进行理论探讨，只是在近期的有关研究才开始进行具体区域的探讨。抽象的人地关系研究便于在理论上弄清人地关系的实质和核心，澄清一些有争论的理论问题，完善和发展理论，是有必要的。但是，抽象的理论研究必须与实证研究相结合，才能形成一些指导社会经济发展的可操作性的成果，进而体现出研究的实践意义。为了分析和调控在人类活动和政策行为影响下的人地系统，考虑到水资源在干旱地区的重要作用，将水文变化纳入人地系统的分析中，用来讨论土地和水文变化动态反馈关系。

基于此，为了探讨和分析在人类活动影响下的人地系统反馈关系，本文设计的干旱地区农业发展背景下人地系统模型分为土地、水文、政策和环境四个子系统配置，将人地系统分解为Policy、Arable land、Irrigation Water、Community Sensitivity这些要素，简记为PAIC系统。水土政策、耕地压力、灌溉用水和社会敏感度这四个模块，用来分析在政策、耕地、用水、环境四个因素耦合作用下各个子系统的反馈机理和动态演变，通过用社会敏感度这一指标量化社会行为和政策选择之间的综合匹配，通过合理的政策组合实现生产发展和环境保护的协调发展。

3.3.2　土地子系统

在人类和土地的相互关系中，土地资源对水资源的数量和质量的可持续性发挥着直接和重要的作用（左丽君等，2008），水资源则对土地用途有着一定限制和约束的功能，合理开发利用土地资源和水资源有利于实现社会经济的可持续发展（Jia et al.，2011；Kosugi et al.，2009）。耕地是人们垦殖活动中形成的具有特殊用途（种植作物）的土地，是人为活动影响最大的土地类型之一，具有养育、生态以及社会保障等多种功能，耕地承载着人类生存的基本食物来源。它是土地利用的一种重要形式，并且受人为活动影响非常严重，是土地利用动态变化中非常活跃的要素之一。耕地的变化对粮食安全以及生态环境的稳定性都有着非常重要的影响。因此，研究耕地演变对制定科学合理的耕地保护政策，实现耕地资源的可持续利用都具有重要的参考价值。在干旱区，分析耕地的历史变化过程对理解干旱区环境演变过程和机制具有科学意义（左丽君等，2008）。对耕地的面积、利用强度以及利用方式等一系列信息的实时掌握，将有助于制定区域社会、经济、生态可持续发展战略。

干旱区为了发展农业生产，需要水资源用于耕地灌溉。随着人口的增长，对耕地以及耕地上单位生产力的提高的要求随之增加，从而驱动对水资源利用的增加。因此，从资源生态学的角度，随着水资源不足的长期影响，会使土壤底层或地下水的盐分随毛管水上升到地表，水分蒸发后，盐分积累在表层土壤中，从而产生土壤盐碱化的现象。干旱地区由于地表水资源的缺乏，地下水过度开采，甚至会造成土壤次生盐碱化。因此，如何有效地使用水资源，保护土地特别是耕地，是研究干旱区农业生产过程的重要问题。

耕地安全在农业生产中起着重要的作用，农业生产不仅要合适的气候条件、地理条件与土壤条件，还要求劳动力及其他物质的输入等，这些条件构成农业生产的资源需求空间，且发展的资源需求涉及很广，全面分析所有的资源是很困难的。根据额济纳旗地区的资源特征，针对土壤盐碱化、沙化、土壤有机质含量低、肥力下降的问题，有必要在实施土壤改良措施的同时结合水资源政策，提高灌溉水质，实现缓解土壤盐碱化程度，恢复耕地利用和农业生产。农业环境可持续与人地关系的关键环节是农用地面积的数量及质量问题，以科技进步、水供需量，提高土地产出率，改善耕地质量，确保农作物产量与农用地需求。对于本文的研究区域来说，由于气温和降水的限制，为了提高经济效益，农业生产结构自 20 世纪 90 年代发生了很大的改变。90 年代初期，种植主要品种有小麦和玉米，2001 年以后，经济作物比例大幅增加，种植作物主要以棉花和蜜瓜为主，种植结构的改变也带来了区域土地生产力和作物用水量的变化。

3.3.3 水文子系统

由于全世界经济工业化和社会城市化急剧发展以及强大技术手段的运用，强烈地改变着各地区的经济结构和生态环境结构，资源被加速消耗，由全球气候变化逐步引发水环境、水资源等一系列生态环境的变化，而生态环境危机又正在反过来影响乃至阻碍人类社会经济的发展。在水资源方面，我国北方已经成为世界上最缺水的地区之一，水土流失和荒漠化的现象越发难以控制。在保持水、土地（主要是耕地）、能源、主要矿产、生物等资源可持续利用和生态环境可持续发展的前提下，从发展与环境相协调的角度，如何通过系统模拟和方案试验，探索中国长期经济增长、结构转型、资源开发利用与保护、生态环境的基本战略和建立资源节约型社会经济体系的途径（陆大道，2002）。近年来，由于水资源的不合理开发利用、人口增长对土地的过度开发以及过度放牧等原因，加上上游人口和耕地面积的不断增加，致使额济纳旗地区水资源环境持续快速恶化，耕地面积减少，河流干涸，人地系统面临着难以持续发展的危险。

水资源是人类社会生存和发展所必需的自然资源。随着近代以来人类社会经济的快速发展，人类社会对水资源的需求不断增加，并面临着由水带来的越来越紧迫的生存安全危机（包括缺水危机、洪涝灾害、水资源危害等）。合理开发利用水资源以实现社会经济的可持续发展，成为水文水资源研究领域的主要目的（Falkenmark，M. and Lannerstad，M.，1996），而水资源规划和管理是应用层面水文水资源研究的主要内容。

对于水资源管理的政策手段主要有两种：一是价格控制手段，依赖于市场机制；二是数量控制手段，依赖于行政管理。数量控制和价格控制手段带来不同的政策效应。在世界各国的水资源利用结构中，农业灌溉用水一般占主导地位，而农业水价过低被认为是造成水资源过度使用的最重要因素，提高水价被认为是缓解水资源短缺的最重要经济手段（Fedotov，S.，Moss，D.，and Campos，D.，2008）。也有一些学者认为，水价机制并不能够达到节水效应。水价机制失灵的原因之一是用水需求的价格弹性小，水价过低，农户对水价变化不敏感，因而提高水价只会使农户收入减少，农民福利被转移到水资源管理机构。原因之二是地下水的监测与管理困难，地表水价上升，将导致地下水开采程度加大。此外，社会经济环境对灌溉农业的局限性也会导致水价机制失灵（Fenicia，F. et al.，2008）。

相对于水价机制，水量控制是缓减水资源短缺压力的另一种有效措施。特别是在水资源短缺的条件下，最有效、最可靠的措施就是减少水的供给（Hayami，Y. and Ruttan，V. W.，1970）。水量控制措施的优点主要有：公平、透明、管理简单、交易成本低，对水资源供给不足能够快速做出调整。价格控制手段的影响可以分为两种情况（王晓君等，2013）：（1）水价远低于水资源影子价格（市场水价），（2）水价接近于水资源影子价格。

分析显示，水价上涨的节水效果并不明显，只有水价上涨到较高时，才会出现明显的节水效应，农业节水量才能够达到一定的效果。这是因为缺水地区水资源的影子价格很高，与减少用水所节约的成本相比，水价即使上涨后的水资源利用效益仍然很高，农户只能承受水价上涨的结果。如果减少用水或者弃耕，损失会更大。只有当水价上涨到生产成本高于作物收益的水平时，农户才会选择弃耕。地表水和地下水水价同时上涨比仅提高地表水水价的节水效果要好，这是因为如果仅提高地表水水价，农户则会尽可能多用地下水，少用地表水。因此，在制定水价政策时，提高地表水水价，必须同时考虑对地下水水价作出相应调整，为了避免过度开采地下水，地下水水价应略高于地表水水价。在中国西北干旱地区，由于水资源短缺，水量控制相比提高水价的政策效应，对农民收入的影响更小，节水效应较好，因此更倾向于采用水量控制措施。水资源短缺是制约西北干旱区社会经济发展的瓶颈要素，抑制用水需求，转“以需定供”为“需水管理”理念，厉行水资源管理的控制措施，实现用水需求零增长战略，是解决干旱缺水地区水资源供需矛盾的根本出路。今后水资源管理政策还应以水量控制措施为主，同时需要考虑不同用水行业、用水主体之间的博弈规则，完善部门之间的合作协调机制，实现水资源协同管理。

对于社会水文系统长期耦合过程和短期动态反馈过程的探究，反映的是社会和环境的相互反馈过程，从而指导人类社会对水资源进行合理的、可持续的开发利用。Sivapalan et al.（2012）提出要通过历史分析、过程分析、区域比较来加强对社会和水文的耦合演化与动态反馈机理的基本研究思路，将人类活动作为有机的部分纳入水文水资源系统中。人类系统与水文水资源系统是包含人类社会系统与自然水系统在内的系统，也是社会生态系统的一个主要子系统，从而反映了由于人水相互作用带来的人类认识上的进步（Wescoat，2013；Zhou et al.，2015）；而 Ertsen et al.（2014）则利用社会学假设来研究具体的机构在系统演化中的驱动性作用。这些基于历史观点的研究成果为过程机理研究提供了指导性的思路和背景。

水文过程的时间和空间的关系一直是水文科学的重要问题。除了考虑到基础的水文和社会要素，空间地理要素，如土地利用和覆被变化以及与灌溉有关的耕地时空变化对社会水文系统的机理研究也越来越受到关注。相关土地政策的含义和不同管理制度的组合效应如何影响系统的发展，也是一个重要的研究方向，并通过优化的政策组合和管理制度，指导人类社会对水资源的合理的、可持续的开发利用。

3.3.4 政策子系统

农业活动是人类活动中与自然生态系统相互耦合最紧密的部分，影响了40%的地表面积，灌溉用水占人类社会的总取用水量的66%（Brock et al.，2007），因此，农业活动中的土地和水资源的规划与管理始终是人地系统研究中的热点和重点（Scott et al.，2014）。

一个区域的发展必须以资源为基础，自然环境、社会经济条件以及物质资源构成一个多维的需求空间。不同的发展措施对于资源需求空间是不一致的。面对西北部干旱地区的严峻环境形势，我国实施了一系列的政策。曾通过建立“三北”防护林带，退耕还林还牧，建立生态农业试点县、建立生态重建示范区，建设各种生态工程，制订生态环境建设规划等一系列政策和管理手段，恢复重建受损退化的脆弱生态系统。虽然取得了一定成效，但因生态欠账过多，治理赶不上恶化，致使西北干旱区生态危机愈演愈烈，生态恢复重建的难度越来越大，但恢复重建的紧迫性反而越来越强。在这种情况下，国家制定了具有长期指导作用的《全国生态环境建设规划》，并将其纳入国民经济和社会发展计划付诸实施。报告明确提出了西北干旱区生态环境建设的近期、中期和远期目标以及相应的建设布局方案，规划了西北干旱区优先实施的重点地区和重点工程，提出了西北区生态环境建设的政策措施，最终用50年左右的时间扭转干旱区生态环境恶化的势头。农业部积极响应《全国生态环境建设规划》有关目标，决定继续坚持不懈地把生态农业建设作为西北干旱区农业发展的主攻方向，并从战略全局的高度认识建设干旱区生态农业的重要性、紧迫感和责任感。另外，1999年11月在北京举行的中央经济工作会议最终敲定了对西部实施大开发战略的战略决策。在坚持区域经济发展理论指导西北干旱区生态重建与人地系统优化的前提下，西北干旱区生态重建主要以区域可持续发展理论、恢复生态学理论和生态学与社会生态学理论作为理论基础，通过调整农业结构，着力发展特色农业、节水农业、生态农业，加强生态环境建设。

针对本书的额济纳旗区域，由于其位处黑河流域的下游，国家也出台了一系列的政策，特别是黑河分水制度的实行，对于保护水资源，平衡区域发展和环境改善之间的关系，发挥了重要的作用。

3.3.5 环境子系统

干旱区是自然生态系统中的脆弱区域，我国西北内陆河流域地处亚欧大陆腹地，生态环境极其脆弱，自然条件较为恶劣，由于沙漠戈壁广布，适于人类生存的空间狭小。所存在的生态环境危机已经威胁到人民生活和生产，甚至省区和国家的经济安全。因此，目前很有必要对我国西北地区的人地系统通过模型构建来评价其演变状况，为改善居住环境提供决策参考。

西北干旱区在发展过程中，协调人类社会与自然环境的关系，或者说协调“需要”和“限制”之间的矛盾关系，实现经济与生态环境协调发展目标，需要协调西北干旱区人口增长、水资源保护、经济发展之间的相互协调，使西北干旱区自然资源得到合理开发利用，经济得到持续稳定增长，社会发展不断进步，生态环境得到良性循环，最终实现可持续发展的战略目标。基于人地系统的干旱区可持续管理是由人地系统为指导思想，以人地系统为综合研究手段来控制流域，制定流域社会经济发展战略，实行人地系统综合管理，使得子系统互利互补，生态系统结构得以改善，生态系统自我维护和发展能力提高，最终取得经济、生态、社会效益的协调，促进自然资源、农业、基础设施等的集成和最优开发。为了调控理性行为主体的行为，实现人类生存环境和生态环境朝有序结构维持和动态平衡方向发展，可以通过提高行为主体的经济利益来刺激行为主体的积极行为，如在社会范围内推广节水措施，或者降低行为主体为保护水资源提供的成本。也可以通过改变行为主体的行为意识，加强行为主体的积极性对行为主体进行道德和制度上的约束。这种形式包括提高行为主体的土地资源保护和水资源利用意识，建立日常性的公众参与的环境制度健全土地和水资源利用的法律法规。由于环境对人地系统模型的构建过程有极其重要的作用，Elshafei 等人建议将社会敏感度这一变量引入环境评价，在社会行为与自然过程之间建立一个连接环节，来反映社会行为对自然过程的认知响应（Elshafei et al.，2014）。本书参考通过“社会敏感度”这一社会意识指标来优化和指导政策选择，利用社会意识对人地系统的反馈，来协调土地利用和灌溉用水之间的矛盾，实现区域环境保护和可持续发展。社会敏感度循环的基本前提是，行为和管理决策对社会和环境直接作用，并通过土地和水资源系统间接影响整理系统的效应。在这个假设前提下，如果社会敏感度提高，相关的水土政策行为和管理决策将致力于减少社会对区域水文的影响。相反，较低的敏感率将倾向于更多地利用水资源，满足社会的需要。且这个假定下的理性行为总体倾向于长期集体利益社会行为，而不是短期个人利好。图3－2为理想的假设情况下社会敏感度的演变示意图（Elshafei，Y.，et al.，2014）。

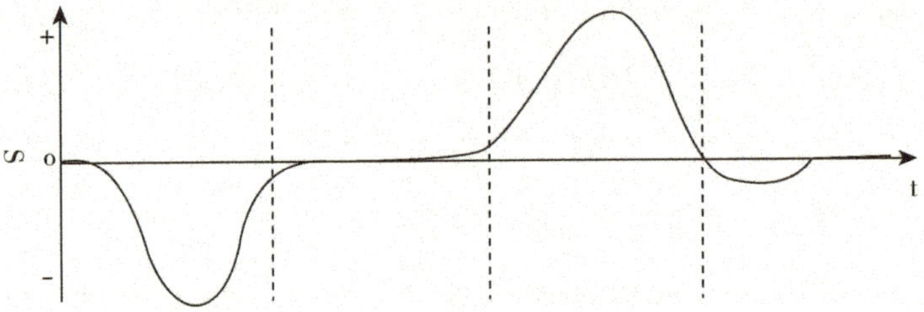

图3－2 社会敏感度理论演变示意图

图3－2显示在假设前提下，敏感度这一状态变量如何随着时间的推移而变化。

第一阶段（扩张阶段）是以人类为中心的行为，通过土地开发、地下水提取和新建基础设施来积极改变水平衡。伴随着经济繁荣，社会敏感度在这个阶段急剧下降，说明是以牺牲环境来适应发展的需要。

第二阶段（减缓阶段）是通过减缓改变环境的行为为标志的。经济的繁荣可能在这个阶段（例如，通过提高效率和机械化驱动）继续增加，但它是会因为消极环境后果出现偏移。前两个阶段可以被认为是人类活动的正反馈。

第三阶段（衰退阶段）是由环境资源的急剧降低而累加的，伴随着资源退化和经济繁荣衰退，负反馈开始在这个阶段产生效果。

第四阶段（平衡阶段）的行为模式开始从以人类为中心向以环境为中心的政策转变，由积极的发展转为补救管理以减轻负面的环境后果。通过文献我们了解到很多正反馈后紧随负反馈的例子，如加拿大Saskatchewan地区、中国的塔里木河流域、澳大利亚东部的Murrumbidgee

地区、美国加州 Delta 区域和世界上其他盆地都发生过这样的现象，并在全球范围内越来越普遍。

人地系统是人与地相互作用的动态体系，当人与地之间相互促进因素多于相互制约的因素时，即正反馈关系占优势时，人地系统向可持续的方向演变；反之，人地系统向环境不可持续的方向发展。正反馈是土地和水资源以及政策、人口等主要资源相结合，以从耕地上收获农作物的形式产生经济收益。干旱地区水资源不足，随着时间的推移，不断增强的土地利用导致了盐碱地增加、环境退化，人类活动成为可持续发展的重要制约因素。水资源相当一部分都被用于农业灌溉。随着经济和人口增长，为了得到更多的经济利益，人类对土地资源和水资源的需求也会随之增加，例如对地下水提取、土地整理和建设用地等的需求改变，进而影响着政策决策。短期的政策决定一般是为了更高的经济发展，从长远来看，经济增长会持续对水资源的数量和质量都造成影响，环境退化的代价又进一步降低了土地的生产力。这就需要通过区域的和全球的环境保护意识的提高来影响政府行为。但是，从长期来看，随着水资源流动持续下降，水资源恶化或土地退化的地区，经济增长将自然成为制约因素，社会面临经济繁荣消退和自然资源退化，人类都会被迫观察到负威胁到他们的整体福祉，所有这些都有助于为负稳定力量采取行动。

负反馈循环体现着自然对水和土地利用的反馈。随着越来越多的水从河流提取后对耕地灌溉，河流和陆地环境开始被破坏，并在一段时间后随着土地的生产率降低和环境退化直接影响农民的生产成本。土地和水资源作为被公众使用的资源，如果每一个人都倾向于过度使用，就容易造成资源的枯竭，干旱区如果出现持续的严重干旱，则会进一步扩大负循环的影响，甚至出现“公地悲剧”（Hardin，1968）。

改善区域环境的目的就是通过博弈分析寻找主体之间的博弈均衡点，实现博弈主体之间的效率与利益的最大化，选出最优策略组合。区域的地理差异使得水资源在分布上时空不均，造成水资源供给的有限性。用水主体的开发利用和效率低下使得水资源呈现过量需求，造成不必要的浪费，此两者成为水问题产生的主要原因。水资源的管理问题可以通过博弈论中的一些基本理论来解释和提供基本的解决方案，但是由于理论和实践上的差距存在，将博弈理论应用到水资源管理中的时候，需要设定可分析的条件和理论假设来简化问题。用人地系统来实现流域可持续管理，为管理者提供系统性的、简便的、全方位的、可视化的研究平台，从而可以全面了解流域的演变趋势，快速地作出决策，第一时间控制问题的进一步恶化。干旱区的人口、资源、环境和经济发展之间相互影响、彼此制约的作用下，形成的具有多层次性的复杂开放系统，在受到某种干扰时该系统具备一种能够通过自身的改造不断保持和改善其组织机制的优化能力。通过环境系统的优化，并通过“社会敏感度”这一指标来调控人地系统是至关重要的。

3.4 本章小结

本章通过梳理人地系统研究的相关概念，并具体分析了干旱区的人地系统特点和问题，认为干旱区水资源分配不均是人地系统失调的自然驱动原因，而政策管理应变不足是人地系统失调的人为驱动原因。进而探讨土地、水文、政策、环境等子系统对整个系统的影响机理，以期为探讨水资源制约下的干旱区人地系统的调控提供可靠的研究假设和基础。

第四章

模型结构设计和方法

建立人地系统的核心问题是探讨系统变化过程中各要素（土地、水文、政策、环境）之间的耦合关系。本章探讨了设计PAIC人地模型的假设前提和结构机理，分析了各变量要素的选择并梳理其内在逻辑关系，并对构建模型各要素应用方法进行了说明。

4.1 模型结构设计

4.1.1 构建假设和前提

为了更好地建立社会水文环境下的人地系统模型，研究者开始努力尝试将社会科学方法和自然科学方法相结合。社会科学的方法通常包括社会调查、统计分析、检验假设或因果关系并推广。而自然科学的方法通常涉及一个概念或一个假设的发展（例如水文水平衡），选择一组观测变量，建立一个数学模型发现整个系统的因果关系并最终达到推广。有学者用社会水文模型，利用耦合非线性微分方程来描述如何融入物理、经济、政治、科技和社会的进程来推测随着时间变化对水文的影响（Di Baldassarre et al.，2015），这类建模方法确实捕获了社会—水文过程在空间分布上一些细节的演变方式（van Emmerik et al. ，2014；Di Baldassarre et al. ，2015），以程式化的模型建立相互关联的子系统来耦合抽象的人地系统。人地系统的外部驱动力关系到系统的发展好坏：一是资源利用技术。在土地和水资源开发利用过程中发挥了重要作用，通过提高技术，可以提高生产力。二是社会环保意识，这成为制约流域的生产和生态系统恢复的关键因素。土地资源和水资源的不合理利用会导致环境恶化，约束社会环境的发展，因此，一个社会的土地综合系统，与气候和社会经济的外部性，以及社会经济和政策与环保意识的改变都有着关联。只有提高社会对环境的反馈意识，才能达到人类对水土资源的“需求”和人地系统与环境的权衡。

随着对干旱地区生态环境变化的重视，已经有一些研究者对概念模型进行了探讨（Kelly et al.，2013），设计了人类和生态系统的模型（Liu et al.，2014），提出了耦合人类和水文以及灌溉用地的系统，考虑了人类和环境的竞争。本章也借鉴系统动力学及其他社会水文学模型研究的已有成果，基于耕地、灌溉用水和人类政策和节水技术的应用，建立人地系统概念模型讨论其动态反馈过程。

本文设计的人地系统概念模型，是在长时间尺度下区域地表水量平衡为零的前提下构建的，也就是在水资源因素方面考虑的是降水、蒸发和径流三个变量。在土地方面，由于额济纳旗地区除了生态用水，灌溉用水占据其他用水总量的78%，因此在构建土地模块的时候，我们重点考虑的是耕地的变化和农业灌溉的关系，认为灌溉面积的扩张导致水量减少和生态环境变差。其次，假设随着人口的增加，新增人口会开拓新的耕地进行灌溉，水资源的需求增加导致上游兴建水库，缓解灌溉用水有限的问题。也就是说，由于人口增加，社会环保意识提高将有助于负向反馈变量的减弱，有利于土地和水资源的利用，各子模块中各变量之间的关系运用各种方程分别给出定量描述，变量通过相互联系、相互作用，共同影响着人地系统的演化趋势。另外，基于层次观点，认为社会行为与自然过程之间还缺乏一个连接环节，社会行为需要通过对自然过程的认知来作出响应，于是提出了社会敏感度概念来描述这一中间环节。社会敏感度循环的基本前提是，行为和管理决策对社会和环境直接作用，并通过土地和水资源系统间接影响整理系统的效应。在这个假设前提下，如果社会敏感度提高，相关的水土政策行为和管理决策将致力于减少社会对区域水文的影响。相反，较低的敏感率将倾向于更多地利用水资源，满足社会的需要。且这个假定下的理性行为总体倾向于长期集体利益社会行为，而不是短期个人利好。

为了探讨和分析在人类活动和政策行为影响下的土地和水文变化动

态反馈关系，整体模型通过模块化耕地、水文、社会、经济、技术等主要要素来构建。

基于概念分析我们主要识别耕地面积变化/耕地压力变化、土地和水文政策组合决策过程、灌溉用水总量变化、社会敏感度变化作为主要的模型要素（刘烨，2016）。设计构建的人地系统概念模型（Policy - Arable land - Irrigation Water - Community Sensitivity，PAIC）主要包括水土政策、耕地压力、灌溉用水和环境模块，用来分析在政策、耕地、用水、环境四个因素耦合作用下各个子系统的反馈机理和动态演变，通过用“社会敏感度”这一指标量化社会行为和政策选择之间的综合匹配，通过合理的政策组合实现生产发展和环境保护的协调发展。所构建的系统中各子系统的逻辑关联如图 4 - 1 所示。

1. 耕地模块

耕地模块输出的变量为灌溉面积，对于干旱区农业而言，灌溉面积增长过程受经济发展和土地政策等因素的影响。节水灌溉面积增长假定均遵循对数增长模式，并受到节水技术推广政策影响。

2. 水文模块

水文模块输出的变量为灌溉用水量，灌溉用水量与径流、总灌溉面积正相关，与综合灌溉水利用系数负相关。其中径流随着降水、蒸发量的变化而变化。

3. 政策模块

政策模块输出的变量为政策组合，包括土地政策和水文政策。以年为周期，政策决策者基于环境指标决定水土管理政策的调整方向。环境指标值反映缺水严重程度，当环境指标超过所认定的安全阈值时，决策者将强化上一期投入相对较小的政策选项，否则将强化上一期投入相对较大的政策选项。

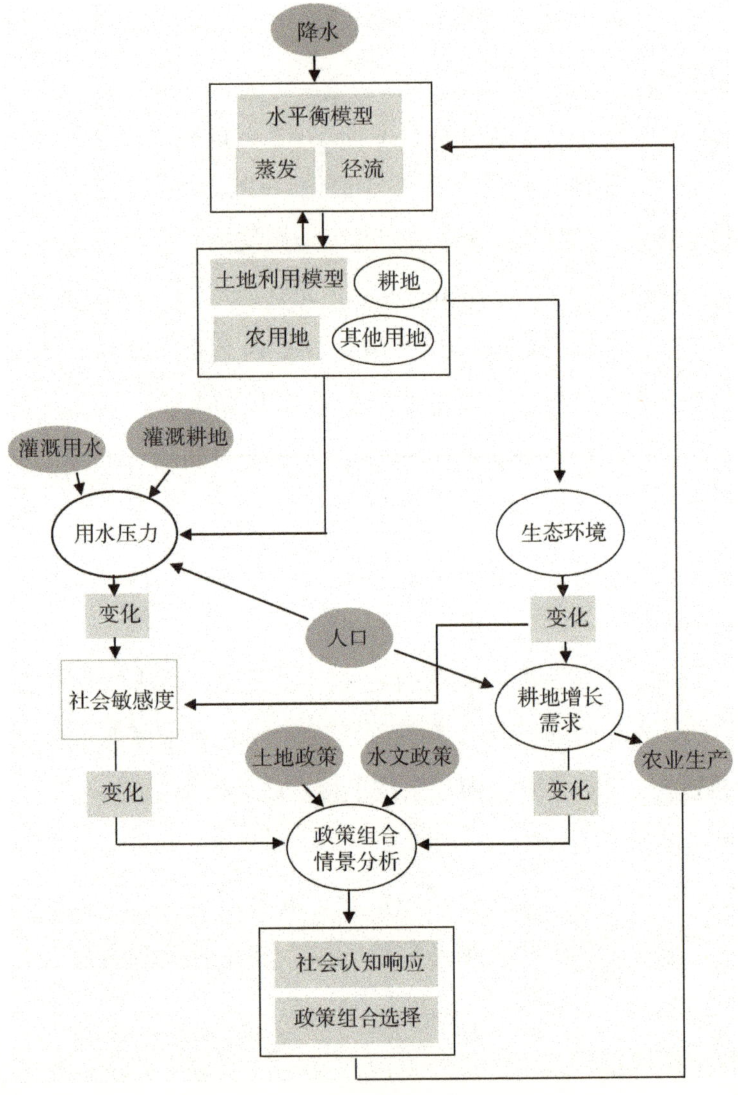

图4－1 人地系统模型结构框架图

4. 环境模块

环境模块输出的变量为社会敏感度指标，是根据灌溉用水、灌溉效率等因素构造以地表水利用率为基础的综合环境指标，以反映政策决策者对水土资源利用危机的敏感程度，并以此作为政策调整的定量依据。

根据调研可知，政策决策者根据环境状况进行政策制定时既要考虑当前状况，又要考虑变化趋势，因此该综合环境指标以地表水利用率相对变化值为基础。灌溉效率是农业耕种过程中节水活动的核心指标，更高的灌溉效率会降低政策决策者对危机的敏感程度，从而降低决策者调整政策的意愿。

4.1.2 变量选择

变量的选择取决于模型和现象的本质，在实践中，人地系统模型在设计过程中所有的变量都要是可度量的，可直接或通过适当的途径来影响系统。干旱农业区域的人地系统的变量选取需要协调好经济、人口与水土资源之间的关系，为政策导向提供支持。影响每个变量状态的影响因素可以是外部的因素如降水、政府管理等，也可以是其他能够改变变量本身状态的影响因素。变量按照耕地、水文、政策、环境四类核心要素分别选取。

1. 耕地模块

跟干旱区人地系统相关的耕地模块，选取了总耕地面积、耕地压力指数、总耕地面积衰减率、农业经济和灌溉效率影响的面积增长系数、非农业经济产出增长率、综合灌溉效率、综合灌溉水利用系数、传统灌溉面积向节水灌溉面积的转化系数、非农业经济发展的影响率等变量。

2. 水文模块

针对本书研究区的人地系统的水文模块，选取了灌溉效率、径流量等变量。

3. 政策模块

对应耕地和水文模块，政策模块选取了水土政策的偏好参数、组织惰性、其他因素导致的政策调整力度的损失率、环境指标的安全阈值、小于阈值情况下环境指标对相应政策调整力度的贡献率、大于阈值情况下环境指标对相应政策调整力度的贡献率等变量。

4. 环境模块

环境模块选取了社会敏感度来作为基于水资源、生态、经济的综合动态变量，作为社会行为与自然过程之间建立的连接环节，反映社会行为对自然过程的认知响应（Elshafei et al.，2014）。在灌溉效率悖论的情况下，社会敏感度是基于水压力参数和综合灌溉效率来计算的，社会敏感度越大，代表社会更有环境保护的动力（Song et al.，2012）。

4.1.3　函数关系建立

通过概念化和文献方法、数据分析来确定函数关系，描述每个状态变量之间的反馈效果。人地系统模型的四个组成模块所建立的函数关系如下：

1. 耕地模块

灌溉面积的计算方程如下所示，即

$$\frac{dL}{dt} = \varphi r(H)f(P_L)L(L - L_M) - m_L L \qquad \text{（公式 4-1）}$$

其中：φ 是总耕地面积的增长系数；$r(H)$ 表示耕地压力指数的影响，H 表示耕地压力指数变化率；$f(P_L)$ 表示耕地扩张限制政策的严格程度对总耕地面积增速的影响；L_M 表示适宜耕地，是总耕地面积的上限，m_L 是总耕地面积的衰减率。

耕地压力用如下的方法计算（蔡云龙，2002）：

$$K = \frac{H_{min}}{H_a} \qquad \text{（公式 4-2）}$$

$$H = \frac{K_i - K_{i-1}}{K_{i-1}} \cdot Q \qquad \text{（公式 4-3）}$$

式中 H_{min} 为最小人均耕地面积（hm^2/人）；Q 为播种面积占耕地面积的百分比（%）；K 表示耕地压力指数，大于 1 的时候表明耕地压力较大，小于 1 则反之；H_a 为实际人均耕地面积（hm^2/人）。

由于节水政策在促进节水灌溉面积增加的同时，也会通过促进农业水利建设发展而增加适宜耕地供给，L_M 随着经济发展和技术进步而动态变化。假设适宜耕地面积在节水农业发展初期遵循指数增长，方程如下所示，即

$$\frac{dL_M}{dt} = \mu r(E,\eta)L_M \qquad \text{（公式 4-4）}$$

其中：μ 表示适宜耕地的转化系数；$r(E,\eta)$ 表示非农业经济和灌溉效率影响的面积增长系数；E 是非农业经济产出增长率，由于总灌溉面积表示农业经济，因此考虑非农业经济作为外部影响因素；η 是综合灌溉效率，即

$$\eta = \frac{(L - L_S)\eta_g - L_S\eta_S}{L} \qquad \text{（公式 4-5）}$$

其中：η_g 和 η_S 分别表示传统灌溉和节水灌溉条件下的综合灌溉水利用系数；L_S 是节水灌溉面积。类似地，节水灌溉面积的增长采用一般对数增长模型：

$$\frac{dL_S}{dt} = \phi r(E)f(P_S)\cdot L_S(L - L_S) \qquad \text{（公式 4-6）}$$

其中：ϕ 是传统灌溉面积向节水灌溉面积的转化系数；$r(E)$ 表示非农业经济发展的影响；$f(P_S)$ 表示节水政策的影响。

2. 水文模块

灌溉用水的计算方程如下所示，即

$$W_{d,i} = u\frac{L_i}{L_{i-1}}\cdot\frac{\eta_{i-1}}{\eta_i}\cdot\frac{Q_i}{Q_{i-1}}\cdot W_{d,i-1} \qquad \text{（公式 4-7）}$$

其中：W_d 表示灌溉用水，受到耕地面积和灌溉效率的影响；u 表示其他影响因素例如作物结构变化的影响，为简化模型，假设 u 为常量；Q 为径流量；i 表示第 i 期时间。

径流量的计算采用水量平衡方程得到：$P - Q - E = 0$　　（公式 4 - 8）

其中：P 表示降水，E 代表实际蒸发量。

蒸发量 E 计算方法如下（Fu et al.，1981；Zhang et al.，2004；Z. Liu，2012）：

$$\frac{E}{E_0} = 1 + \frac{P}{E_0} - \left[1 + \left(\frac{P}{E_0}\right)^{w}\right]^{1/w}$$
（公式 4 - 9）

其中，E_0是潜在蒸散发量，用 Penman - Monteith 公式估算。w 是由 E_0/P 决定的模型参数。对于蒸发量 E 而言，来源于降水、地下水和区域灌溉用水。总蒸发量为：

$$E_{total} = \sum_{i=1}^{3} E_l \cdot S_l$$
（公式 4 - 10）

E 表示总作物蒸散发量；l 是土地利用类型的数量（人工绿洲、自然绿洲和荒地）；E_l是根据不同土地利用类型 l 的作物蒸散发，S_l是土地利用类型 l 的面积。

3. 政策模块

水土政策组合方程的动力学方程如下所示，即

$$\frac{dP_L}{dt} = \begin{cases} [k_L \cdot S \cdot (1 - \theta) - \omega - \rho] \cdot P_L & S \in [0, S_c] \\ (v_L \cdot S \cdot \theta - \rho) \cdot P_L & S \in [S_c, +\infty] \end{cases}$$
（公式 4 - 11）

$$\frac{dP_S}{dt} = \begin{cases} (k_S \cdot S \cdot \theta - \omega - \rho) \cdot P_S & S \in [0, S_c] \\ [v_S \cdot S \cdot \sigma \cdot (1 - \theta) - \rho] \cdot P_S & S \in [S_c, +\infty] \end{cases}$$
（公式 4 - 12）

其中：S 是社会敏感度，作为社会环境指标反映政策决策者对环境状况的主观认知；S_c 是环境指标的安全阈值，采用文献确定取值（钱正英，2001）；k_L 、k_S 和 v_L 、v_S 分别表示小于阈值和大于阈值情况下环境指标对相应政策调整力度的贡献率；θ 是上一期水土政策的偏好参数，反映上一期

水土政策变量值间的相对关系；ω、ρ 分别表示组织惰性和其他因素导致的政策调整力度的损失。

4. 环境模块

社会敏感度这一变量是在社会行为与自然过程之间建立的连接环节，反映社会行为对自然过程的认知响应（Elshafei et al.，2014）。社会敏感度是基于水资源、生态、经济的综合动态变量，与气候、社会发展和政策一样都是系统阶段的变量。社会敏感度越大，代表社会更有环境保护的动力（Song et al.，2012）。在灌溉效率悖论的情况下，社会敏感度是基于水压力参数 ε 和综合灌溉效率 η 来计算的。

社会敏感度的计算公式为：

$$S = max[0, h(\varepsilon, \eta)] \quad \text{（公式 4－13）}$$

$$h(\varepsilon, \eta) = (\varepsilon_i - \varepsilon_0) \cdot \frac{\eta_{i-1}}{\eta_i} + \omega \cdot (\varepsilon_i - \varepsilon_{i-1}) \quad \text{（公式 4－14）}$$

其中：ω 表示组织惰性，$\omega \in [0,1]$。$\varepsilon > 0$ 水压力增加（需要有进一步的措施，改变政策）；$\varepsilon \leq 0$，水压力降低（不需要有进一步的措施，保持政策不变），用水压力受到土地与水的相互作用，反映干旱和灌溉规模的超速扩张的结果。

灌溉效率则是反映技术的影响，其计算公式如下：

$$R = \frac{Wd}{Wa} \quad \text{（公式 4－15）}$$

$$\varepsilon_i = R\frac{\eta_{i-1}}{\eta_i} + \lambda(R_i - R_{i-1}) \quad \text{（公式 4－16）}$$

其中：Wa 表示年地表径流；ε 是社会的水压力参数；λ 是地表水利用率相对变化值的环境指标转化率；ε_0 是社会的水压力极限；$\in$ 是将水压力转为社会敏感度的参数。公式 $S = h(\varepsilon, \eta)$ 主要有两方面的意思。$(\varepsilon_i - \varepsilon_0) \cdot \frac{\eta_{i-1}}{\eta_i}$ 代表在水压力和灌溉效率控制下的非弹性敏感度，而 $\in \cdot$

$(\varepsilon_i - \varepsilon_{i-1})$ 代表一种随着水压力变化的弹性压力。如果水压力增加，社会会对水资源敏感。从这两方面来看，公式至少可以分为三种主要情景：(1) 区域水资源充足，社会经济缓慢增长，水资源的消耗不是非常高。$h(\varepsilon,\eta)$ 会小于0；(2) 区域的社会经济发展较快，水资源的消耗超过可利用水资源，因此在某些时间段用水压力高于1，同时当前的水压力低于在节水政策良好运行下的压力，那么 $h(\varepsilon,\eta)$ 可能高于0也可能小于0，社会敏感度由用水压力相对变化值决定；(3) 区域的社会经济和用水压力跟第二种类型相同，但是用水压力呈现明显的增长趋势，这意味着 $h(\varepsilon,\eta)$ 会大于0，社会敏感度也大于0。在这种情况下，社会敏感度会引发社会选择适当的政策去改变现状和保护环境。

4.1.4 参数估计

由于涉及众多流程，参数估计在系统模型中需要谨慎选取。参数的选取需要尽可能符合研究区的实际情况，从而有利于判定模拟与预测结果的精度和可信度。在具体参数赋值时需要考虑到干旱区在发展农业过程中的人地关系问题，还要充分考虑各子系统之间的动态特征和阶段性。参数估计部分来自长期数据的假设，或参考已有文献，如社会敏感度变量的相关参数则基于已有文献（Elshafei et al.，2014）的基础上进行估计，并通过整个模型进行校准。经统计，本模型涉及的参数说明见表4－1。

1. 耕地模块

该模块的参数主要包括：总耕地面积的增长系数 φ；耕地压力指数 $r(H)$；耕地压力指数变化率 H；耕地政策对总耕地面积增速的影响 $f(P_L)$；总耕地面积衰减率 m_L；非农业经济和灌溉效率影响的面积增长系数 $r(E,\eta)$；非农业经济产出增长率 E；传统灌溉下的综合灌溉水利用

系数 η_g；节水灌溉条件下的综合灌溉水利用系数 η_S；传统灌溉面积向节水灌溉面积的转化系数 $\emptyset$；非农业经济发展的影响 $r(E)$；节水政策的影响 $f(P_S)$。

其中，总耕地面积的增长系数 φ，取值0.0033，取值参考额济纳旗耕地的增长率；耕地压力指数 $r(H)$，由 $r(H)=\frac{\Delta H}{H}$ 计算得到；耕地扩张限制政策的严格程度对总耕地面积增速的影响 $f(P_L)$，由 $f(P_L)=1-P_L$ 计算得到（Y. Elshafei，2015）；假设当地农业维护良好，不存在自然衰减，即总耕地面积衰减率 $m_L=0$；μ 表示适宜耕地的转化系数，取值0.3（刘烨，2016）；非农业经济产出增长率 E，由 $r(E)=\frac{E_i}{E_{i-1}}$ 计算得到；非农业经济和灌溉效率影响的面积增长系数 $r(E,\eta)$，由 $r(E,\eta)=\frac{\Delta E}{E}\frac{\eta_i}{\eta_{i-1}}$ 计算得到（Y. Elshafei，2015）；通过参考相关文献，传统灌溉下的综合灌溉水利用系数 η_g，取值0.33；节水灌溉条件下的综合灌溉水利用系数 η_S，取值0.62（崔远来，熊佳，2009）；传统灌溉面积向节水灌溉面积的转化系数 $\emptyset$，取值0.0016；节水政策的影响 $f(P_S)$，由 $f(P_S)=\frac{P_S}{1+P_S}$ 计算得到（Liu，Y. et al.，2014）。

2. 水文模块

灌溉用水的影响参数 u，代表如作物结构变化等其他因素的影响，为简化模型，假设 u 为常量，其赋值参考历史文献，取值1.001（崔远来，熊佳，2009）。w 是由 E_0/P 决定的模型参数，是一个流域的参数，对于HRB黑河流域，我们设定为3.5（Yang et al.，2007）。

3. 政策模块

该模块的参数主要包括环境指标的安全阈值 S_c；小于阈值情况下环境指标对相应政策调整力度的贡献率 k_L、k_S；大于阈值情况下环境指标对相应政策调整力度的贡献率 v_L 、v_S ；水土政策的偏好参数 θ ；组织惰性 ω ；其他因素导致的政策调整力度的损失 ρ 。

其中，环境指标的安全阈值 S_c ，参考相关文献（钱正英，2001），取值为0.8；小于阈值情况下环境指标对相应政策调整力度的贡献率 k_L 、k_S ，分别取值0.5和0.4；大于阈值情况下环境指标对相应政策调整力度的贡献率 v_L 、v_S ，分别取值0.5和0.4；上一期水土政策的偏好参数 θ ，反映上一期水土政策变量值间的相对关系；水土政策偏好参数 θ 的取值与上一期的水资源和土地利用政策组合有关，当 $P_L > P_S$ 时取值为0，当 $P_L < P_S$ 时取值为1，当 $P_L = P_S$ 时取值为0.5（Liu，Y. et al.，2014）。通过参考相关文献，组织惰性 ω 取值0.1；其他因素导致的政策调整力度的损失 ρ ，取值0.05（白景坤，2007）。

4. 环境模块

该模块的参数主要包括社会的水压力参数 ε ；综合灌溉效率 η ；地表水利用率相对变化值的环境指标转化率 λ 。

其中，ε 是将水压力转为社会敏感度的参数，受到土地与水的相互作用，水压力参数 ε 反映干旱和灌溉规模的超速扩张的结果，由 $\varepsilon_i = R\frac{\eta_{i-1}}{\eta_i} + \lambda(R_i - R_{i-1})$ 计算得出（Y. Elshafei，2015）。地表水利用率相对变化值的环境指标转化率 λ ，取值为1（白景坤，2007）。

4.2 模型仿真验证

PAIC系统主要包括不同干旱化情景对灌溉用水的影响，同时考虑水资源总量约束下的由人口和经济因素驱动的土地利用变化过程，并输出社会敏感度这一人类行为对环境的反馈变量。为了实现模型的实证分析，主要包括三个步骤：（1）首先对研究区进行土地分类并构建政策定量模型，确定耕地时空变化和政策因素以及非政策因素的影响程度，为构建政策子模块提供依据和验证；（2）基于土地分类，运用水量平衡方程，计算研究区地表径流，为构建环境子模块提供数据；（3）基于政策、耕地、用水和社会敏感度子模块构建完整的 PAIC 人地系统模型，并讨论由于环境变化造成的社会反馈变化，用量化的方法综合匹配社会反馈和政策选择，实现人地系统协调发展。在实证分析中，涉及计算实际政策定量评价。

系统模型的仿真性判定，为模拟和预测提供基础。该模型的各个部分可通过在数据集的一部分被用于参数估计，实测数据则被用于验证仿真精度。仿真预测年限为 1962—2012 年，为减少预测中时间段变化所带来的误差，结合现有收集到的实测数据，耕地数据仿真时间步长定为一年，时间段为 1962—2012 年；蒸发量数据仿真时间步长为一个月，时间段为 2000 年 1 月至 2012 年 12 月，地域界限都为整个额济纳旗地区。

4.2.1 耕地数据模拟

L 表示耕地面积（采用公式 4－1 计算），耕地面积的历史实测数据则取自额济纳旗地方志，通过与地方志的实测耕地面积对比如下：

模拟结果如图 4－2 所示基础情景下，模拟的耕地面积与实测耕地面积相比，在置信区间 95% 的水平下。由图可见二者曲线的趋势线（图中虚线）具有良好的重合度，具有较好的仿真模拟效果。研究区的耕地面积从 1962 年到 1995 年间先增加后减少，自 1995 年开始耕地面积呈逐步增加趋势。

4.2.2 水文数据模拟

为了验证基于土地利用估算出的流域水平衡结果精度，Budyko 模

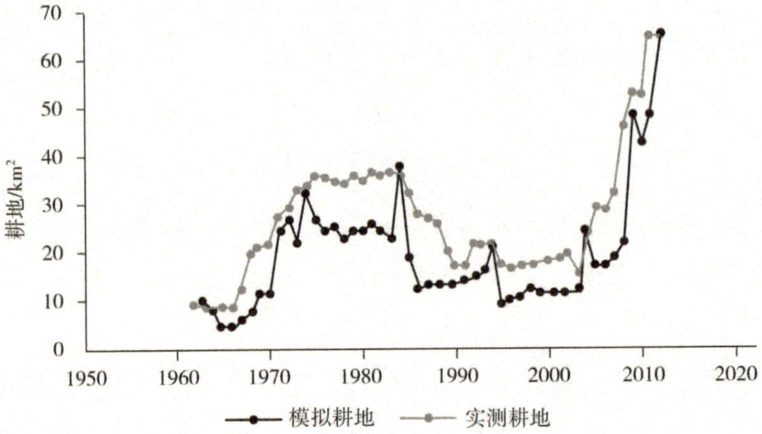

图 4－2　模型仿真模拟和实测耕地对比图

型模拟出的逐月蒸发量（采用公式 4－9 计算）与 ET－Watch 方法计算获得的实际蒸发量进行了对比验证。由于数据的限制，在这里仅比较了 2000—2012 年间两种方法计算得到的逐月实际蒸发量。

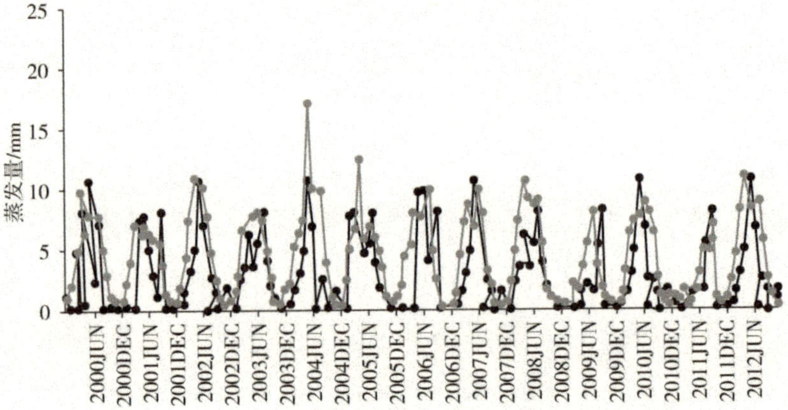

图 4－3　模型仿真模拟和实际蒸发量对比图

模拟的逐月蒸发量与实测年径流面积比较结果显示，Budyko 方程计算出的实际蒸发量 E 与 ET－Watch 方法计算出的 AET，在置信区间 95%

的水平下，具有较好的仿真模拟效果。在模拟出蒸发量的基础上，则可以通过水平衡方程，对研究区年径流量进行计算，为实证分析人地系统概念模型中水文模块和环境模块提供数据基础。

4.3 本章小结

为了分析不同干旱化情景对区域水资源总量的影响，同时考虑水资源总量约束下的由人口和经济因素驱动的土地利用变化过程，并输出社会敏感度这一人类行为对环境的反馈变量，因此设计了政策、耕地、水文和环境子模块组成的 PAIC 人地系统模型，并讨论由于环境变化造成的社会反馈变化和政策选择。本章分析了 PAIC 概念模型构建的假设和前提，以及选择变量、建立函数关系、参数估计的过程，并结合总实证研究中涉及的遥感技术、空间自相关方法、政策定量分析、水量平衡方程等方法和手段，对模型的耕地和水文数据准备进行了仿真验证，从而为模型的实证研究提供数据基础。

第五章

模型实证研究

本章通过三个步骤展开PAIC模型的应用实践：第一步进行土地分类，为构建人地系统中的耕地模块提供数据准备，并分析具体的土地政策在耕地时空变化中的影响。第二步以第一步的耕地数据为基础，利用水平衡方程为用水模块进行数据准备，同时分析了具体水文政策的影响。第三步以抽象的耕地政策和节水政策作为政策模块，结合耕地、水文和环境模块，构建PAIC人地系统模型来分析人地系统耦合演变，用量化的方法综合匹配社会反馈和不同水土政策的选择，实现人地系统和环境协调发展。

5.1 耕地时空演变及政策影响

额济纳旗地区作为典型的人工和农业绿洲，我们采用多源卫星图像，以确定绿洲中的耕地、绿地和其他用地在一个长期的时间尺度的变化，并使用来自额济纳旗的数据来讨论政策对耕地变化的影响。具体目标是：（1）判断1962—2012年额济纳旗地区土地利用和覆被变化的时空演变趋势；以及（2）通过应用统计学方法、空间自相关方法、正交化回归设计土地政策定量模型，重点分析耕地变化规律与研究区域内所颁布的各种能够影响耕地变化的政策及相关文件的内在逻辑关系，既有助于识别时空变化下的土地变化和影响因素的识别和检验，也有助于监控现有政策的实施和新一轮土地利用政策的设计和优化。

5.1.1 土地覆被变化

绿洲内部包括自然绿洲和人工绿洲。人工绿洲中，耕地较为敏感，因此我们重点关注耕地的变化，并在接下来予以讨论。自然绿洲包括：草地（高覆被草地、中覆被草地、低覆被草地），林地（有林地、灌木林地、疏林地、其他林地），水域（河渠、湖泊、水库坑塘、冰川及永久性积雪、河滩地）。人工绿洲包括：耕地（水田、山区旱地、丘陵旱地、平原旱地），建设用地（城镇用地、农村居民地、工矿和交通用地）。

2012年自然绿洲面积为10289.75平方千米，占全旗土地总面积的8.97%；人工绿洲面积为150.57平方千米，占土地总面积的0.13%；其他土地面积为104165.67平方千米，占土地总面积的90.90%。其中，林地面积为667.62平方千米，占自然绿洲总面积的6.58%，草地面积为9283.30平方千米，占自然绿洲总面积的90.2%，水域用地占自然绿洲总面积的3.20%；耕地面积为150.57平方千米，占人工绿洲总面积的43.39%，建设用地占人工绿洲总面积的56.61%。

经统计，自然绿洲在1962—1992年呈现增加的趋势，1992—2012年则大面积减少，生态破坏严重。而人工绿洲则在近年面积有所增加，且增加的位置主要位于靠近水系附近。总的来说，区域大多数还是被荒地覆盖，包括沙漠、戈壁、盐碱地等。

1962—1982年，林地和水域面积有所减少，草地明显增加，沙漠面积减少，人工绿洲面积增加。1982—2002年，草地和水域面积减少，沙漠面积减少，从而自然绿洲面积减少，人工绿洲面积稍有增加。2002—2012年，草地和耕地有所恢复，沙漠面积进一步减少。自然绿洲面积增加，人工绿洲面积沿着主要水系的区域有一定增加。在主要用地类型的变化中，耕地面积的变化幅度最大，由1962年的7.8平方千米增长到2012年的65.3平方千米，是1962年耕地面积的8.37倍。而与此同时，林地和草地变化不明显，水域面积由688.0平方千米减少至328.3平方千米，减少了52.2%。这种土地利用分布的变化使额济纳旗地区面临更大的生态压力，耕地作为变化最为剧烈的用地类型，有必要对其变化的驱动因素进一步分析。

5.1.2 耕地多年时空变化

过去几十年以来耕地面积总的呈现增长的趋势，这与人们开荒种地，发展粮食生产有一定的关系。2010年的闲置耕地面积也比2002年有了明显的减少。说明研究区的农业积极性增加，进一步验证了农业、耕地、用水之间有着不可忽视的关联。

为了更好地探索耕地的空间特性，我们进一步通过空间自相关方法计算不同时间段的 Moran's I 来探索耕地变化空间信息。

从空间相关性来看，耕地的空间集聚度是逐渐加强。空间自相关值从 0.38 逐渐增加到 0.62，呈现更为集聚的空间分布。

表 5－1　空间自相关估计统计数据

时间	耕地变化	
	空间趋势	Moran's I
1962—1972	不明显	0.38
1972—1982	东北—西南	0.41
1982—1992	不明显	0.50
1992—2002	东北—西南	0.52
2002—2012	东北—西南	0.62

1982—1992 年和 1992—2002 年是两个变化比较剧烈的时段。这也是耕地消退受人类活动影响加剧的过程，人类活动主要集中在研究区域东部的东河、西河及黑河水系，近 20 年的耕地增加主要也集中在该水系的狭窄范围内。

在过去的 50 年内，土地利用政策的实施效果在 1972—1982 年最小，2002—2012 年最大，集聚速度经历了加速——减速——加速度的过程。土地利用政策对耕地位置的影响很大程度上在 1962—1982 年以后才开始发挥作用。因为在 1982 年之前，政府并没有太多地关注土地管理，而是注重于开荒生产和恢复经济，土地利用政策的实施不明显。对土地管理不够重视，注重开荒生产，因此 1972—1982 年土地利用政策的实施贡献率最低，其中粮食安全型土地政策的贡献率占据主要位置。直到 1986 年《中华人民共和国土地管理法》和《额济纳旗土地开发"九五"规划》颁布实施，开始将科学的理念引入土地管理中。土地政策开始发挥作用，引导土地的发展。随着国家对土地管理的重视程度提升，1985 年《集镇实行统一开发、综合建设的几点意见》指出

“着重抓经济基础较好，农民比较富裕，集镇原有规模已不适应的建制镇或中心集镇先试点”，额济纳旗出现了城市建设的初步加速阶段，到1992年左右趋势放缓，到1996年《额济纳旗土地利用总体规划》中对2010年之前土地供应的位置和规模做出规划，第二轮加速开始。随着对水资源需求的增加，城市的发展集中在水系附近，耕地减少部分的空间分布随之集聚在这一区域。1996年《额济纳旗土地利用总体规划》共同作用，提高了耕地的利用程度和植被覆盖率，耕地面积的第二轮加速增加开始。2003年《关于进一步采取措施落实严格保护耕地制度的通知》和2006年对“18亿亩耕地红线”这些的实施，强调了基本农田的重要性，对保护耕地提出了具体的目标。2000年“西部大开发”和2001年《额济纳旗土地复垦管理“十五”计划纲要》对耕地的数量和位置提出了具体的规范，随着对水资源需求的增加，城市的发展集中在水系附近，耕地的变化随之集聚在这一区域。

5.1.3 土地政策对耕地时空变化的影响

土地利用政策的设计意图往往对于人与自然环境之间，经济发展与生态可持续性之间取得平衡。在现实中，土地使用政策的实施受到各种经济、社会、政治和环境变化的影响，从而政策的结果可能不如预期。无论土地政策对环境的影响是正面的还是负面的，都有必要监测和了解土地使用政策对有关环境的影响。通过对已有的文献继续进行梳理，绿洲对区域的发展和生态环境起着重要的作用。正确认识区域耕地格局的演变及其原因是保护区域耕地景观的前提。Cohen（2006）指出，发展中国家土地和水管理政策的制定，直接关系到土地利用的快速变化和集约化。通过对发展中国家城市土地利用对水体的影响的文献回顾显示，大多数国家都存在城市规划问题，其中一个最大的问题就是城市耕地受到威胁（Cobbinah，Erdiaw - Kwasie，&Amoateng，2015），制度不力、保护意识缺乏、经济约束，尤其是土地政策的不协调，都是造成对耕地管理不足的原因（UN – Habitat，2009），也加剧了城市环境问题（Michael，E.，et al.，2005）。

在中国特殊政治制度背景和发展阶段下，土地政策作为宏观调控手段，对行为主体有着显著的指导性和方向性影响（Long，2014；Li et al.，2015），影响着荒漠极端干旱亚区额济纳旗耕地的面积、方向变化和可持续发展。

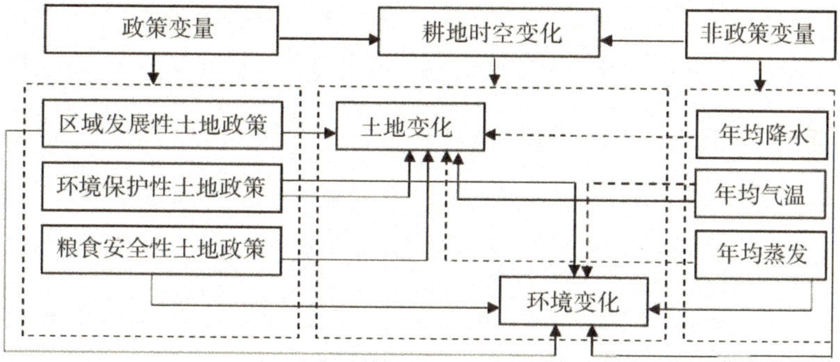

图 5 –1　人类活动对耕地时空变化的影响框架示意图

在制度指导下，近年来中国已经通过一系列的土地使用政策和相应的管理措施来影响土地利用，并在实践中发挥着重大作用，产生了深远的影响。其中包括家庭联产承包责任制、土地批租制度、土地税收和使用费、土地管理制度、耕地保护制度、土地市场规范、征地制度、土地整理制度、土地集约利用方案、农村和城市的建设用地平衡、绿色粮食方案、退耕还林方案，以及如新农村建设和西部大开发等国家的发展战略。伴随着经济的迅速发展以及快速城市化，各种土地利用问题开始出现，这些问题和政策制定有着密切的联系。从某种程度上说，这些土地利用政策的性质，以及政策实施过程中的限制，造成了土地利用的问题。专家和学者撰写了一系列的论文来探讨中国的土地利用问题，以及土地变化的实施和影响。这些研究有助于分享和促进新的科学研究成果，从而推进一系列有关中国土地利用政策的研究（Hualou Long，2014）。在中国特有的行政体制下，土地利用政策对水资源的影响是不容忽视的。对于本研究区，由于其自身的环境，更需要研究土地政策。额济纳旗作为黑河流域下游的区域，对水资源有着相当的社会敏感度，受到人类活动的影响很大。通过实地野外考察，我们认为这个区域有着具有中国西部干旱区域的代表性，生态环境非常脆弱，容易受到人类活动的影响。

城市化带来了大多数发展中国家（Cohen，2006）的经济繁荣和环境挑战。政府经常依靠土地利用总体规划和战略，促进经济发展和可持续水资源管理之间的平衡（Cobbinah et al.，2015）。城市规划在许多发展中国家的问题也经常表现在耕地资源减少和耕地空间分布变化中缺乏环保政策法规、监管执法不力、社会缺乏环保意识，以及不同部门之间的利益冲突和财务限制（UN－Habitat，2009）。因此，通过跨学科研究和土地使用政策的定量评估，弥补了土地使用政策和耕地面积变化之间的关系相关定量研究的不足。

在自然原因和人类对土地资源不合理开发利用的共同作用下，我国西北干旱、半干旱地区生态环境退化日益加剧，景观多样性减少，土地沙漠化严重，直接影响到西部大开发战略的实施和我国整体社会经济的协调。由于各地区社会经济和自然条件的复杂性，同一地区的土地利用变化既受主导驱动力的制约，同时也是多种驱动力共同作用的结果。中国西部地区的土地利用变化以政策驱动和非政策驱动为主，维持生存、扩大开垦的动力与保护生态、退耕还林还牧的压力并存。

对本研究区而言，政策的影响同样也在区域的发展过程中发挥了很大的作用。由于黑河下泄水量减少，导致额济纳旗生态问题严重，湖泊断流引起国家各级政府与学术界的高度关注。自2000年开始，有关部门实施了一系列黑河流域综合治理项目，通过建设水库塘坝进行地表水调配。随着2006年至今土地利用总体规划中关于“退耕还草”等政策的实施，畜牧业生产方式也发生了变化，额济纳旗三角洲生态也在随之得以恢复。由此可以看出，正确的政策引导在规划耕地、保护水资源方面发挥着重要的作用，对流域内资源全面实行协调的、有计划的、可持续的管理很有必要。未来发展需要通过更多跨学科的研究，定量评估政策对土地资源和水资源的影响，有利于为政策制定者实现区域的可持续利用提供科学参考（Taikan Oki et al.，2006）。

在土地利用政策的制定过程中，需要充分研究不同类型土地利用政策的协同组合应用。比如，为了保护干旱区的水资源环境，促进耕地生产力的提高，在土地政策的制定中，要充分发挥环境保护型和区域发展型土地利用政策的协同驱动作用。在制订区域发展规划的时候，要考虑到区域发展型土地利用政策对耕地变化的空间消极集聚作用，在集中连片建设开发的同时，需要合理布局和规划湖泊、沟渠、河流网络，将区域发展型和环境保护型土地利用政策相结合。另外，在制定粮食安全型土地政策时，需要将粮食安全型与环境保护型土地利用政策相结合实施。更要在制定和实施政策时，综合考虑和整合土地利用政策和水资源政策的组合应用，达到既保护耕地发展生产又保护水资源维持生态环境的区域发展目标。

水域的消极变化在空间上经历了由西向东集聚的过程，这也是水域受人类活动影响加剧的过程。近10年水域减少的位置，主要集中在人类活动活跃的东河、西河及黑河三条水系的狭窄范围内。水域转变为草地和耕地的斑块从离散到集聚，而水域转变为另外三类用地的斑块集聚程度变化不大。

土地政策在1986年之前注重开荒生产、城镇建设，直到从1986年《中华人民共和国土地管理法》颁布实施，土地制度体系开始发挥作用，引导土地的发展，开始将科学的理念引入土地管理中。1986—1995年这

10 年间土地利用政策的持续实施，收到了一定的效果，表现为 1995 年开始，水域的消极变化集中于人类活动频繁的区域，与此同时水域转变为草地和耕地的斑块从离散转为集聚。1995 年以后，中国对土地管理的重视程度加大，一方面，1998 年《新土地管理法》，2005 年新一轮《土地利用总体规划修编》的颁布，有力地补充了土地制度体系，是土地管理的政策纲领。土地制度体系一直对于确定土地产权和土地利用根本管理制度具有重大的意义，从根本上确定了土地管理政策的基调。另一方面，土地调控体系中，1996 年《额济纳绿洲可持续发展规划》和 2000 年《关于进一步做好退耕还林还草试点工作的若干意见》，对额济纳林地草地的建设提出了要求，由于额济纳极度干旱，胡杨林地的生长较慢，影响效果不足。2003 年《关于进一步采取措施落实严格保护耕地制度的通知》和 2006 年对“18 亿亩耕地红线”这些的实施，强调了基本农田的重要性，对保护耕地提出了具体的目标，但是由于研究区缺水干旱的现象日趋严重，因此保护耕地的任务较难落实。土地调控体系仅在 1993—2000 年有一定的实施效果，其他时间段内调控效果不理想，从而在整体上影响了土地政策的实施效果。这导致了一个有趣的现象：政策停留在 1986 年的水平和实际实施的效果基本一致，因此总的来说，虽然土地制度体系具有比较强的连贯性，实施的效果较好，土地制度体系影响着研究区水域消极变化斑块的空间分布，但是由于土地调控体系因被赋予过多任务，导致调控体系缺乏连贯性，引导水域的能力有待提高，总的来说，自 1986 年以来政策没有及时达到实施目的。

5.2 水量平衡演变及政策影响

水量平衡是指在任一时间段内研究区的输入与输出水量之差等于该区域内的储水量的变化值。水量平衡研究的对象可以是全球、区域、流域，或者某单元的水体，如河段、湖泊、海洋、沼泽等。研究的时段可以是分钟、小时、日、月、年，或者更长的尺度。水量平衡原理是物理学中“物质不灭定律”的一种表现形式，在水循环和水资源转化过程中是一个至关重要的基本规律。从多年平均来说，流域储水变量的值趋于零。为了建立人地系统，在讨论了土地利用政策对耕地的时空变化有着明显的驱动的基础上，还需要对研究区的水资源进行研究。本章在前一章对研究区土地利用分类的基础上，利用水文模型推算区域蒸发量，并与其他方法和实测数据进行比对，验证数据精度，从而进一步分析多年流域水量平衡的情况。

5.2.1 基于土地利用的水量平衡演变

由于额济纳旗地区气象站点数量不足，不能够进行空间分析，因此，在用 ET - Watch 和空间水量平衡方法计算额济纳旗地区的实际蒸发和径流量时，通过将研究范围扩展到整个黑河流域以获得更多的站点用于绘制降水和径流的空间栅格图。由 ET - Watch 计算出的水平衡，采用栅格统计的方法与 Budyko 方法的计算结果进行对比验证。

为了验证基于土地利用估算出的流域水平衡结果精度，通过对比两个模型的计算结果及现有实测数据的检验。Budyko 模型计算出的实际蒸发量 ET，我们与 ET - Watch 方法进行了对比。

结果显示，利用水平衡公式计算出区域年径流量，由 1961—1970 年年均径流量的 5.46 亿立方米，减少到 1991—2000 年的年均径流量 3.31 亿立方米。随着分水制度和相关水管理政策的实施，区域生态环境得到改善，径流量自 2000 年以来逐渐增加，2001—2010 年年均径流量恢复到 5.81 亿立方米。

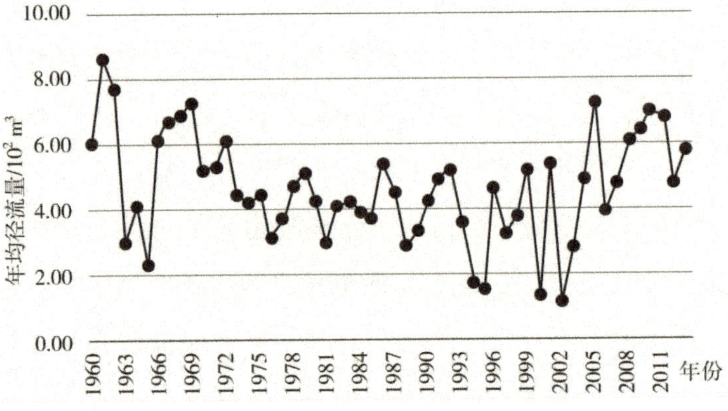

图 5－2　Budyko 方法计算出的径流量变化图

5.2.2　水文政策对地表水资源的影响

额济纳旗地区的地表水的主要来源为黑河，入境后称额济纳旗河（卢爱刚等，2008；马金珠，1997；马金珠，2005），总长 243 千米。黑河流域上游用于灌溉的水资源占总用水量的 1.8%。中游流域，占整个流域超过 90% 的总灌溉农田和 85% 以上的总人口，所消耗的总需水量为 78%，全流域缺水为 410 万立方米/年（水利部）。为了减轻在不久的水资源供需之间的冲突，有必要实施多项措施来进行水资源的管理，包括节水措施和灌溉效率提高。灌溉需求应逐步减少，地下水位得到恢复，从而实现下游流域天然绿洲面积增加（王昱等，2011）。无论是在下游流域天然绿洲的恢复，还是黑河流域用水的合理调配，都是水资源管理需要解决的关键问题。

虽然黑河流域为了解决下游额济纳旗地区的用水短缺问题，已经采取了调整水资源分配的措施，但仅靠调整水资源分配难以从根本上解决流域整体的水资源供需矛盾（张勃等，2010）。为了缓解下游绿洲水资源不足的矛盾及其引起的生态环境恶化问题，必须从全社会的视角压缩用水需求。因为随着经济发展和人口增加，西北干旱地区的用水需求不断增加，导致水资源供需矛盾日趋尖锐。由于中游绿洲用水持续增加，迫使下游绿洲大量开采地下水以弥补水量不足，导致地下水位下降，地表植被枯死，生态严重退化。为了减轻水资源供需之间的冲突，需要实施多项措施来进行水资源的管理，包括节水措施、灌溉效率提高和种植结构的优化。这样一来，灌溉需求应逐步减少，地下水位得到恢复，从而实现下游流域天然绿洲面积增加。无论是在下游流域天然绿洲的恢复，还是黑河流域用水的合理调配，都是水资源管理的关键方面。水资源政策主要有水价调整和水量控制两种类型，额济纳旗地区实施的主要水文管理政策在表5－2中列出。

表5－2　水管理政策列表

编号	时间（年）	政策名称	政策分类
1	1984	关于黑河下游环境保护办法	水量控制
2	2001	黑河流域近期治理规划	水量控制
3	2009	黑河干流水量调度管理办法	水量控制
4	2002	中华人民共和国水法	水量控制 & 水价调整
5	2010	中华人民共和国水土保持法	水量控制
6	2001	大中型水利水电工程建设征地补偿和移民安置条例	水量控制
7	2013	关于印发实行最严格水资源管理制度考核办法	水量控制 & 水价调整
8	2012	国家农业节水纲要（2012—2020年）	水量控制 & 水价调整
9	2004	关于推进水价改革促进节约用水保护水资源的通知	水价调整
10	2007	中华人民共和国水文条例	水量控制

近年来，国家颁布了一系列的水管理政策用于指导实践。水管理政策方面，同样由于1962—1982年缺乏对水资源保护的认识，土地和水资

源的过度开发加剧了水资源的短缺，河流和湖泊研究区干涸，沙尘暴频繁发生。政府从1984年开始颁布相关的环境保护政策，再加上2001年生效的《黑河流域近期治理规划》，规定了“2003年前要完成32万亩农田退耕，限制种植水稻等高耗水作物”，也影响了耕地的变化。耕地的增加图斑主要集聚于水系的上游，这个区域也是建设用地较多的区域，作为社会活动集聚的地区，当政策开始发挥作用时则首先会在这个区域出现。与此同时，上一个10年的土地调控效果开始显现，加大了对环境保护的管理，对水资源的保护使得耕地上的农业生产有了灌溉保障。2001年之后，国家颁布了一系列水资源的管理政策，通过水价改革和节水纲要进一步保护水资源，区域水环境的恢复，使得农业生产和耕种耕地开始增加，荒废的耕地因为水资源情况的好转而开始重新耕种。

水价调整和水量控制有着不同的政策效应，主要表现在节水效应、绿洲农业结构变化和农民收入变化三方面。

一、节水效应方面。额济纳旗地区实施的水量控制政策比较明显的就是2004年实施的《关于推进水价改革促进节约用水保护水资源的通知》，从这类水价调整的政策效应来看，由于额济纳旗地区水资源的影子价格很高，与减少用水所节约的成本相比，水价即使上涨后的水资源利用效益仍然很高，农户只能承受水价上涨的结果。只有水价上涨到较高时，才会出现明显的节水效应，农业节水量才能够达到一定的效果。如果减少用水或者弃耕，损失会更大。

二、绿洲农业结构变化方面。水价上涨将会导致作物种植面积出现不同程度的压缩。当水价上涨过多时，很多农户会选择弃耕部分农田，集中经营需水量少的作物。水价上涨对粮食作物的种植面积影响不大，区域粮食产需基本平衡，但对经济作物的影响较大。原先收益高、需水量多的作物因灌溉成本上升转变为经济收益优势不明显的作物。农户会减少需水量大的设施蔬菜、露地蔬菜、玉米等作物的种植面积，在更加缺水的地区，农户甚至会减少制种玉米的种植面积，转而种植更加节水的棉花。或者虽然作物播种面积不会减少，但作物种植结构将出现转换。

三、农民收入变化方面。水价上涨的另一种负面效应就是可能会带来农民人均收入减少。农民人均收入损失主要来源于成本增加效应和结构调整效应。所谓成本增加效应是指水价上涨带来灌溉用水成本上涨，导致农户收入减少。结构调整效应是指因水价上涨导致作物单方水效益发生变化，进而导致作物种植结构和畜牧业结构变化，导致农户收入减少。也就是说，水价上涨引起的农业结构调整对农民收入的影响要大于灌溉成本上涨的影响。提高水价而增加的水费收入可以通过一定的方式返还补偿给农户，以减少成本效应损失。但农户得到的补偿金额依然低于农户的收入损失。

额济纳旗地区实施的水量控制政策有《黑河干流水量调度管理办法》《黑河流域近期治理规划》等，这类政策可以通过作物结构和资源优化配置实现节水效应，通过改变作物结构，选择蜜瓜等经济作物，从而在作物结构和资源优化配置的基础上各个灌区压缩农业用水。水量压缩后，各个灌区的水资源影子价格将发生较大变化，原先影子价格低的地区，因为水量压缩，水资源变得相对短缺，成为影子价格高的地区。当农业可用水量减少，导致作物播种面积不得不压缩后，作物结构也从单方水效益低的作物转向了单方水效益高的作物。农户会减少制种玉米、露地蔬菜的种植面积，增加蜜瓜和棉花的种植面积。工业需水可通过农业结构优化得到满足，结构优化带来的节水不会导致农户收入损失。农业用水实施压缩之后，农户人均收入减少，通过部门间用水转换和水权交易得到利益补偿。水资源可以在不同区域之间进行交易，农业用水可以用于支撑工业用水需求，也可以通过用水转换和水权交易引入补偿机制，可使农户得到一定的利益补偿。

总之，水价调整和水量控制政策各有优缺点，经过以上分析，我们认为节水政策对于额济纳旗地区可能更有针对性，在水量控制的基础上，再进一步推进水价调整，是较为合理的政策方案。

5.3 人地关系演变和政策选择

本节以抽象的耕地政策和节水政策作为政策模块，结合耕地、用水模块、社会模块，构建 PAIC 人地系统模型并分析人地系统耦合演变过程。以土地利用分类数据为基础计算研究区的实际蒸发量和径流量，用量化的方法综合匹配社会反馈和政策选择，实现人地关系协调发展。

5.3.1 基础情景设定与分析

基础情况表示弱耕地限制情景，反映农业发展的实际情况。基础情景下，设定模型（1962 年）耕地扩张限制政策变量值为 $P_{L,0}=0.1$，节水技术推广政策变量值为 $P_{S,0}=0.3$，表示十分宽松的耕地政策下的节水农业发展模式。在基础情景下模拟结果如图 5－3 和图 5－4 所示。图 5－3 表示基础情景下水土政策组合的演进情况。由于用水总量持续增加，环境指标反映的环境压力越来越大。因此，决策者将对政策组合进行动态调整，逐渐增加耕地限制政策的投入力度，从而使节水农业从粗放的发展模式向协调的发展模式方向演进。

由图 5－3 可知，节水灌溉面积变化存在一定的阶段性特征，在节水农业发展的初期，由于农户对节水灌溉技术的效果认识不足，因此节水灌溉面积增长缓慢（图 5－4a）。额济纳旗当地农业灌溉主要依赖地表水和地下水。近年来开始逐步推广高效节水灌溉技术，调动农户采用高效节水灌溉技术的积极性。与此同时，得益于社会经济的发展和节水设施投入，因此总灌溉面积持续增加，导致灌溉用水总量呈现快速增加趋势（图 5－4c）。随着节水灌溉示范作用的日益凸显，农户对节水灌溉技术的

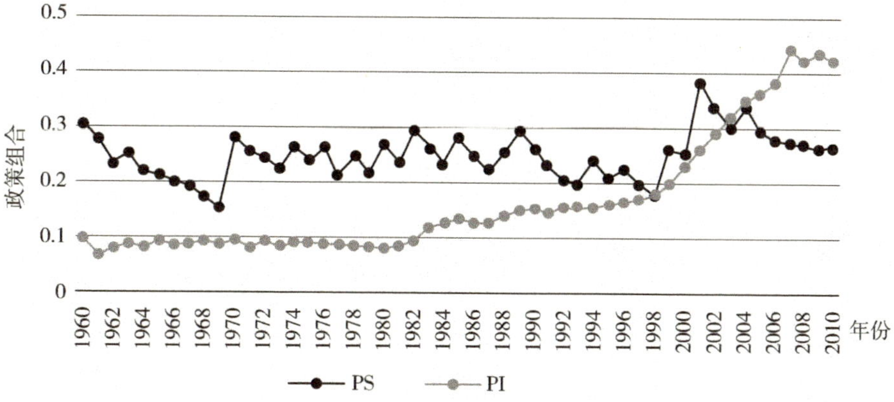

图 5－3　基础情景下水土政策变量模拟结果图

接受意愿增强。1990 年开始，节水灌溉面积进入了快速增长期（图 5－4a）。然而，由于节水政策与农业水利设施建设的持续投入，总灌溉面积的增速仍然较快（图 5－4a），总用水量仍呈现增加趋势（图 5－4c）。

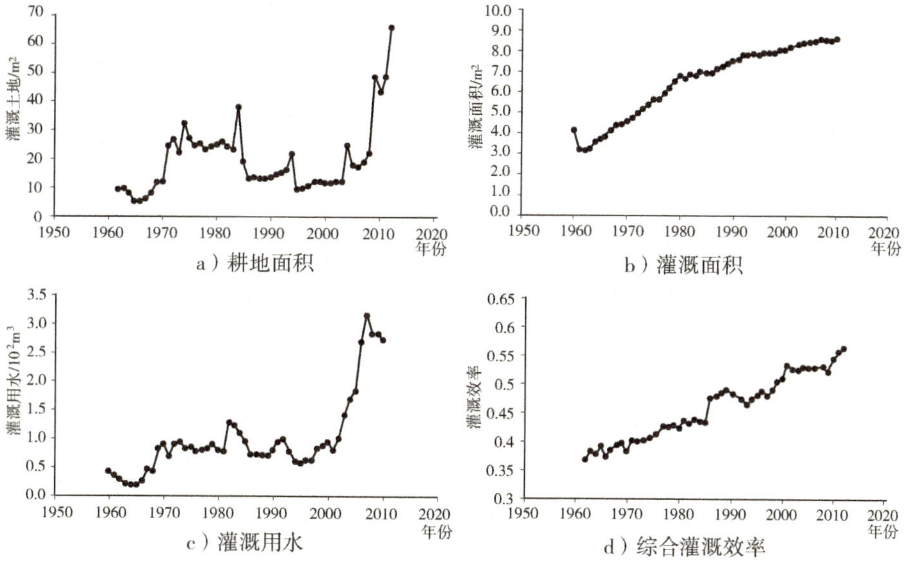

图 5－4　基础情景下的人地系统主要模拟结果图

5.3.2 对比情景设定与分析

针对水资源短缺，政策偏好是一个在决策过程中非常容易被忽视的因素。人类历史上，以实例阐述着成功和提醒着失败。过去的经验已经成为任何生活实践的自发的习惯和规则，更不要说当我们面对缺水这样的一个严重的社会问题。因此，基于社会意识和强制地对水资源问题的社会敏感度，政策偏好（包括政策的建立、法律的颁布和社会的行为）必须作为内部参数被明确考虑到。

为了讨论不同水土政策组合效果差异，我们基于耕地面积压力的不同对比了不同的情景。不同的初始水土政策组合将导致不同的节水农业发展路径。假定初始节水技术推广政策不变，只改变初始的耕地扩张限制政策变量值，以表示不同初始水土政策组合的影响。相对弱耕地限制力度的基础情景，设置初始耕地扩张限制政策力度不同的对比情景如下：(1) 低耕地限制力度情景；(2) 中耕地限制力度情景；(3) 强耕地限制力度情景。

5.3.2.1 中低耕地限制力度情景

低耕地限制力度情景和中耕地限制力度情景具有与基础情景类似的节水农业发展特征。增加节水农业发展初期耕地政策的严格程度，因此会对总灌溉面积的长期增长产生一定的抑制作用。由于节水灌溉面积增长存在一定的阶段性特征，更严格的初始耕地扩张限制政策会对节水技术推广政策的后续发展产生影响。因此，政府在加强耕地限制政策的同时，也必须加大这一时期节水技术推广政策的投入。用水总量的阶段性变化特征也随着不同的初始水土政策组合而有所变化。因此，适度加强节水农业发展初期的耕地扩张限制政策，有利于促使节水农业向健康可持续发展方向转变。

5.3.2.2 强耕地限制力度情景

不同于前述情景，强耕地限制力度情景中初始耕地扩张限制政策达到了与节水技术推广政策相同的强度，总的耕地灌溉面积增速的增长变得缓慢。与此同时，由于总耕地面积增长受限，农业经济发展受到抑制，使得政府推动节水灌溉的积极性也受到抑制。由此我们推断，过强的初始耕地限制，不利于节水农业的推广和经济社会环境的健康可持续发展。

5.3.3 社会敏感度演变与分析

社会敏感度循环的基本前提是，行为和管理决策对社会和环境直接作用，并通过土地和水资源系统间接影响整理系统的效应。在这个假设前提下，如果社会敏感度提高，相关的水土政策行为和管理决策将致力于减少社会对区域水文的影响。相反，较低的敏感度将倾向于更多地利用水资源，满足社会的需要。且这个假定下的理性行为总体倾向于长期集体利益社会行为，而不是短期个人利好。不同于社会敏感度反映着社会对环境保护的意愿，从模型的角度来看，总的目标是利用社会对环境的感知从而做出转变，进行合理的预警监测，图5－5显示模拟的实际情况下的社会敏感度这一状态变量如何随着时间的推移而变化。

由图5－5可以看出，额济纳旗在过去的50年内，其社会敏感度处于理想状态的第二阶段（减缓阶段）和第三阶段（衰退阶段）之间，并有一定的波动。额济纳旗地区的农田规模与经济增长之间的长期关系显示出经济结构从农业为主向非农业占主导地位的演变格局，灌溉耕地和经济继续在同时增长。这一时期，农业扩张和整体经济之间的关系呈正相关，经济增长对灌溉发展有驱动效应，环境资源的问题也在这个过程中经常出现。三种不同的政策组合代表不同的侧重，对比堆积折线图可知，总的来说$S_3>S_1>S_2$，说明在节水政策初始状态不变的情况下，实施不同强度的耕地政策有着不同的组合效果。

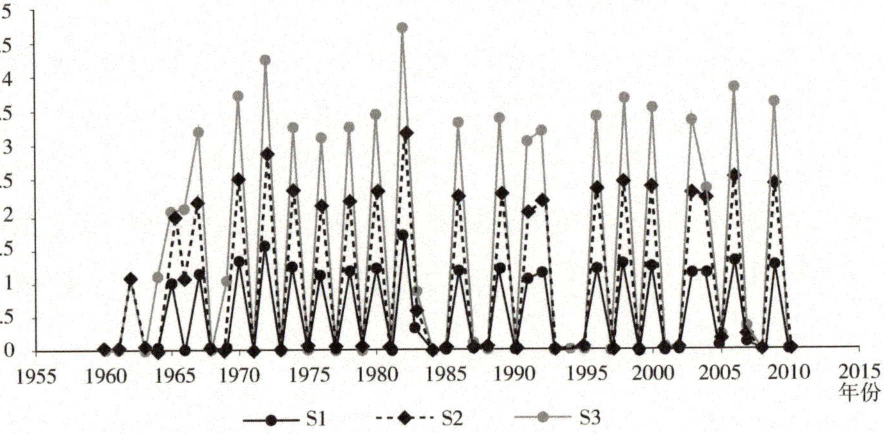

5－5　社会敏感度模拟结果堆积折线图（S_1、S_2、S_3采取不同政策组合初始设定）

由图 5－5 可见，在低等限制型耕地政策实施的过程中，灌溉规模增速最快，这是由于灌溉规模的增加是由人口增长、社会经济发展和技术进步推动的。在农业经济区域，经济发展将受益于该土地复垦可望降低成本，增加效益地扩大灌溉面积，并带动了当地政府开发土地。但是，单一经济刺激将使得土地和水资源变得稀缺。例如，额济纳旗 20 世纪 90 年代以来，当生产资料难获得的时候，开始发展旅游业，该产业成为当地经济的一部分，加快了城市化进程。随着时间的推移，中国东部较发达的地区，农田的扩大已经相对缓慢或者说停止，因为现代经济具有较强的产业和服务业作为支撑（濮励杰，2002）。参考额济纳旗地方志的统计可知，当地的耕地面积和播种面积还是呈现增长态势，农业耕作具有一定的经济推动作用。

在中等限制型耕地政策实施的过程中，增加节水农业发展初期耕地政策的严格程度会对总灌溉面积的长期增长产生一定的抑制作用，同时由于节水灌溉面积增长存在一定的阶段性特征，更严格的初始耕地扩张限制政策会对节水技术推广政策的后续发展产生影响。灌溉规模增速相对低限制型耕地政策减缓，节水政策随之加强，社会敏感度在三种政策组合下最低。这其中，节水政策实施过程中的技术应用是一个非常重要的因素，节水政策和技术实施主要由社会经济发展，尤其是非农业经济的市场条件下的影响。只有具备综合条件的现代技术，如滴灌、喷灌节水灌溉技术开发及应用，提供了理想灌溉效率，才能实现节水技术的应用。

在高等限制型耕地政策实施下，由于总耕地面积增长受限，农业经济发展受到抑制，使得政府推动节水灌溉的积极性也受到抑制，节水政策实施效果降低，社会用水保护意识不足，技术更新减缓，导致社会敏感度在三种政策组合下最高。这时候增加的综合灌溉效率可能会造成一种虚假的安全感，认为政策运作良好和水资源得到适当的使用，而实际上，对缺水采取进一步措施从长期战略上看是被忽视的。当这种情况发生时，则需要适时调整政策组合，加强以环境为中心的行为来改变现状。

5.3.4 人类行为正负反馈分析

人地系统是人与地相互作用的动态体系，当人与地之间相互促进因素多于相互制约的因素时，即正反馈关系占优势时，人地系统向可持续的方向演变；反之，人地系统向环境不可持续的方向发展。最终模型是通过正负反馈在耦合系统内发挥作用。前者是由经济驱动的农业用地扩张，通过人类中心主义的行为来改变环境，后者是由社会敏感度的提高，为稳定系统，向以环境为中心的管理行为转变。

5.3.4.1 人类活动的正向反馈

对于人地系统，在生产方面，我们的目标是社会获得经济福利。在环境方面，我们的目标是要节约用水，以满足“自然的需求”（例如，生物多样性、湿地生态）。如果自然的需求得不到满足，极端事件如干旱就会产生放大的影响，从而需要人类干预。无论哪种方式，人类对水资源、

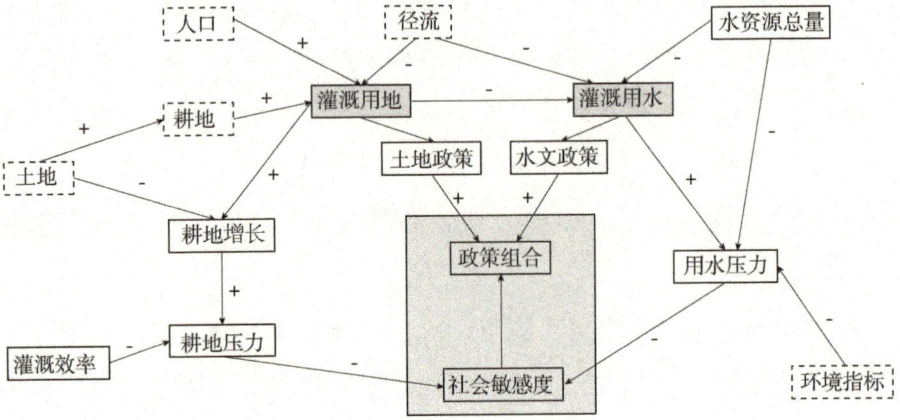

图5-6　人地系统正负反馈示意图（图中+表示正反馈，-表示负反馈）

土地资源和对环境的竞争仍然是由人类主导的。人类不断地适应其生存的原生自然生态环境，通过社会经济活动作用于地理环境，并深刻影响着地理环境的结构、性质和功能。另一方面，地理环境则通过资源和自然生态环境为人类社会经济活动提供物质基础和生存空间，并制约人类活动的规模、强度和效果。

正反馈是土地和水资源以及政策、人口等主要资源相结合，以从耕地上收获农作物的形式产生经济收益。土地生产力是土地、水和人类资源的综合产物，随着财富的积累和技术的进步，进一步推动了土地利用。干旱地区水资源不足，随着时间的推移，不断增强的土地利用导致了盐碱地增加、环境退化，人类活动成为可持续发展的重要制约因素。水资源相当一部分都被用于农业灌溉。随着经济和人口增长，为了得到更多的经济利益，人类对土地资源和水资源的需求也会随之增加，例如对地下水提取、土地整理和建设用地等的需求改变，进而影响着政策决策。短期的政策决定一般是为了更高的经济发展，从长远来看，经济增长会持续对水资源的数量和质量都造成影响，环境退化的代价又进一步降低了土地的生产力。这就需要通过区域的和全球的环境保护意识的提高来影响政府行为。但是，从长期来看，随着水资源流动持续下降，水资源恶化或土地退化的地区，经济增长将自然成为制约因素，社会面临经济繁荣消退和自然资源退化，人类都会被迫观察到负威胁到他们的整体福祉，所有这些都有助于为系统稳定而采取行动。

如果能够合理利用和改造环境，改进环境中不利于人类活动的因素，例如增加资源有效开发总量，降低资源消耗，则区域得到更好的发展空间和更多的资源支持，从而提高经济发展水平。从环境角度来看，合理利用资源可以促进环境还原和提高环境质量。从这个角度看，水资源可以看成是一个更为重要的限制因素，如果水资源得到更有效的利用，那么将会进一步提高经济生产力。随着人均经济收益的增加，不断增长的人口伴随着更高水平的对水和土地的需求，凭借着消费的增加和经济发展的不断增长的需求，以维持较大的社会需求和正反馈循环螺旋上升。但是，如果水资源短缺，并伴随水质恶化或者土地退化，那么经济增长也会相应随之被制约。但反过来，这也会引发人口迁出，寻找其他的工作和收入机会，又会减少对水和土地的需求。通过调整管理政策，合理地减少水资源的过度使用和修复环境。这个涉及经济体系的正反馈循环，在这个循环的水陆和人类的主要资源被组合和农业生产有关。通过提高耕地和节水技术，从而达到提高生产效率和发展经济的目的。这有助于农业发展，并能够在提高人们的主观能动性的基础上，让这种正循环通过这种方式得以继续循环（T. H. M. van Emmerik，2014）。

5.3.4.2 人类活动的负向反馈

负反馈循环体现着自然对水和土地利用的反馈。随着越来越多的水从河流提取，越来越多地被投入灌溉农业，河流和陆地环境开始被破坏，并在一段时间后随着土地的生产率降低和环境退化直接影响农民的生产成本。灌溉地区的社会敏感度受到水资源的影响比在雨量充沛的地区更大（Elshafei et al. ，2014）。不合理的水资源管理，会导致大量使用地下水，进而造成地表土壤中盐分增多，出现盐渍化，进而造成土地退化以及土地利用结构的改变。

环境的负面变化引发社会敏感度的提高，威胁着社会的生活质量和福利。社会敏感度越大，代表社会更有环境保护的动力（Elshafei et al.，2014）。土地和水资源作为被公众使用的资源，如果每一个人都倾向于过度使用，就容易造成资源的枯竭，干旱区如果出现持续的严重干旱，则会进一步放大负循环的影响。而事实上，资源的过度使用已经在公地悲剧和组合困境中出现（Anderies and Janssen，2011），这和 Giddens（1984）的结构理论一致，他认为社会现象都是在机构和社会组织的共同作用下改变的，一个特定的社会行为的实施，即使参与的人数仅占社会的10%，也能达成一个转折点，使得全社会范围内被广泛接受并推进环境可持续发展的目标的完成。因此社会敏感度作为一个驱动区域个体行为到整体行为的过程的关键因素，被设计到整个系统中有其合理性和可靠性。另外，人口在增长的情况下，如果社会管理制度不完善，那么就会加剧资源消耗和浪费，引发环境进一步恶化，随之带来的经济发展水平降低的后果又会引起劳动力的转移，从而限制区域自身人口和社会经济发展。

从模型的角度来看，总的目标是利用社会的对环境的感知从而作出转变，进行合理的预警监测。负反馈激发了行为响应，通过制定合理的土地和水资源利用政策组合，提高行为主体的耕地资源保护和水资源利用意识，健全公众参与的环境制度，对行为主体进行道德和制度上的约束。改变社会的行为意识，加强行为主体的积极性。由于社会行为的反馈，社会对环境的影响由“破坏性”的转变为“恢复性”的，通过转变为以环境为中心的行为模式，使得环境恶化情况逐步得以修正，水资源制约下的人地系统得到平衡和可持续发展。通过选择不同的政策组合，利用社会敏感度这一指标来调控人地系统进行环境优化至关重要。当社会敏感度大于0且呈现增加趋势时，则需要更多地选择优先保护水资源的政策用来维持区域环境可持续发展；当社会敏感度呈下降趋势时，则可以选择适当优先贯彻土地利用政策用于发展生产和经济增长的需要。在未来的发展过程中，为了实现政策选择行为的有效性，有必要通过水土政策的合理组合，针对社会敏感度的变化而作出相应的政策选择来保护环境。

5.4 本章小结

本章利用PAIC模型对研究区进行了人地系统演变和政策选择的实证分析。首先对土地进行分类并构建政策定量模型，实证分析耕地时空变化和具体政策因素的影响程度，为构建政策子模块提供依据和验证。接着在此基础上，运用水量平衡方程，计算研究区地表径流，并简要分析了水文政策对研究区环境的重要性，为构建环境子模块提供数据。在对耕地、水文、政策模块分析的基础上，通过对比不同的政策组合情景，并进一步分析了在政策、耕地、用水、环境四个因素共同作用下，复合人地系统中社会敏感度这一变量的变化和响应。

（1）基于遥感和土地数据，对研究区土地进行分类，结果显示耕地面积在过去的50年内增长迅速，由7.8平方千米增加到了65.3平方千米，且耕地的Moran’s I由1962年的0.38增加到0.47，空间集聚特征明显。土地利用政策对耕地时空特征变化的影响显著，在土地利用政策的制定和选择中，有必要合理组合不同土地利用政策发挥协同作用，实现资源的可持续发展。

（2）为了建立人地系统，在讨论土地利用政策对耕地的时空变化有着明显驱动的基础上，还需要对研究区的水资源进行研究。为了验证基于土地利用估算出的流域水平衡结果，通过Budyko模型和ET－Watch方法计算出的实际蒸发量进行精度对比，为进一步分析多年流域水量平衡提供了数据准备。为了减轻水资源供需之间的冲突，需要实施多项措施来进行水资源的管理，包括节水措施和灌溉效率的提高是水资源管理的关键。

（3）构建的PAIC人地系统概念模型分析结果表明，在耕地低限制力度情景和中限制力度情景下，灌溉用水总量趋于稳定且灌溉面积仍出现较快增长；在强耕地限制力度情景下，农户的节水能力和动力受到限制，灌溉用水总量呈现持续上升的趋势，灌溉面积增长缓慢，农业经济发展受到抑制。当社会敏感度大于0且呈现增加趋势时，则需要更多地选择优先保护水资源的政策用来维持区域环境可持续发展；当社会敏感度呈下降趋势时，则可以选择适当优先贯彻土地利用政策用于发展生产和经济增长的需要。在未来的发展过程中，为了实现政策选择行为的有效性，有必要通过水土政策的合理组合，针对社会敏感度的变化而作出相应的政策选择来保护环境。

通过一些合理的假设来模拟人类政策行为与土地和水资源的相互作用，虽然模型不能完全匹配现实，现实更为复杂和微细，但是由于模型具有合理的可信度和模拟结果，因此总的来说，基于PAIC的人地系统概念模型能够揭示不同的土地利用政策和水资源政策对人地系统的作用机理。既考虑了不同干旱化情景对灌溉用水的影响，也考虑了水资源约束下的耕地面积变化过程。通过对“社会敏感度”这一人类行为对环境的定量化反馈，为干旱区土地规划和农业节水过程中的政策选择，实现人地系统可持续发展提供定量评价方法和理论支撑。

第六章

结论与展望

本章运用土地科学、水文方法和经济统计手段，分析了干旱区人地系统及其子系统在社会经济发展下的关系和演变，对不同政策情景下的演化和政策选择作了相应的分析。为深化理解干旱地区一定时间内的水土资源要素和政策制度之间的动态耦合演化机制，以及社会认知与政策选择在人地系统耦合演化过程中的反馈，实现干旱区域环境可持续发展与政策选择的匹配，提供了一种综合和量化的思路。

6.1 主要研究结论

本章以典型干旱区内蒙古额济纳旗地区为例，选取1962—2012年50年作为研究的时间尺度，围绕“土地分类——人地系统模拟——政策选择”这一主线进行论述。通过构建PAIC（Policy - Arable land - Irrigation Water - Community Sensitivity）概念模型，模拟了典型干旱区的人地综合系统。重点探讨耕地面积、灌溉用水、不同水土政策和社会行为意识之间的关联和影响。通过应用“社会敏感度”这一概念，分析了社会意识对政策选择的反馈和驱动作用，为指导土地利用政策和不同水土政策的选择，实现水资源约束下的人地系统可持续发展提供一种定量的研究思路。本章的主要研究结论有：

（1）土地利用政策对耕地时空变化有着显著的影响。基于遥感和土地数据，对研究区土地进行分类，结果显示耕地面积在过去的50年内增长迅速，由7.8平方千米增加到了65.3平方千米，且耕地的Moran's I由1962年的0.38增加到0.47，空间集聚特征明显。土地利用政策对耕地时空特征变化的影响显著，在土地利用政策的制定和选择中，有必要合理组合不同土地利用政策发挥协同作用。

（2）利用年径流量，利用土地利用分类数据和Budyko水文平衡方程计算出的研究区实际年均蒸发量，通过与ET - Watch方法对比验证了数据结果的有效性。额济纳旗径流量年均降水量为34.84毫米，但其中贡献给年均径流的仅为2.83毫米，91.8%的降水都被地表蒸发。区年均径流量先减少后增加，2002年几乎无径流。在2002年之前一直呈现明显的下降趋势，1961—1970年年均径流量为5.46亿立方米，到了2002年下降到仅1.21亿立方米。随着分水制度和相关水管理政策的实施，区域生态环境得到改善，径流量开始逐渐增加，2001—2010年间年均径流量恢复到5.81亿立方米。为了减轻额济纳旗地区地表水资源短缺的严峻态势，有必要实施水资源管理政策，维持干旱地区生态环境。

（3）PAIC人地系统概念模型设计了耕地面积、灌溉用水、水土政策和社会敏感度模块的演化分析框架，研究了各模块耦合演化以及不同情景下水土政策选择对典型干旱地区人地系统的长期影响。一方面考虑了不同干旱化情景对区域水资源总量的影响；另一方面考虑了水资源总量约束下的土地利用变化过程。实证分析表明，从对比情景反映的耕地利用和节水情况可知，低耕地限制力度情景下的总灌溉面积增长更快，更有利于农业生产；而中耕地限制力度情景下的用水总量后期控制更好，甚至呈现略微下降的趋势，更有利于生态环境保护和缓解节水农业进入高速发展期的灌溉效率悖论现象。过强的初始耕地限制，不利于节水农业的推广和经济社会环境的健康可持续发展，从而为土地利用变化和社会水文交叉研究领域提供了一种可行的研究框架。

（4）通过将“社会敏感度”这一人类行为对环境的反馈变量引入模型，PAIC人地系统概念模型揭示土地利用政策和水资源管理政策的不同选择组合对人地系统的影响机理，并利用模型的量化结果指导未来政策选择。研究结果表明，不同的水土政策组合将导致不同的耕地生产和节水发展路径，为了协调耕地生产和环境保护，在未来的政策选择中有必要参考社会敏感度和政策偏好因素。当社会敏感度大于0且呈现增加趋势时，则需要更多地选择优先保护水资源的政策用来维持区域环境可持续发展；当社会敏感度小于0或者呈现下降趋势时，则可以选择适当优先贯彻土地利用政策用于发展生产和经济增长的需要。在未来的发展过程中，为了实现政策选择行为的有效性，有必要通过水土政策的合理组合，通过对“社会敏感度”这一人类行为对环境的反馈定量化，为干旱区土地规划和农业节水过程中的政策选择提供定量评价方法和理论支撑。

6.2 政策建议

6.2.1 结合土地利用特点发挥土地政策作用

额济纳旗土地利用中主要存在生态环境脆弱、土地退化严重的问题。地表为有石砾的戈壁，而且水资源极其贫乏，其他用地比重较高。在50年研究时间尺度内，自然绿洲大面积减少，人工绿洲则在近年面积有所增加，其中耕地面积的变化幅度最大，由1962年的7.8平方千米增长到2012年的65.3平方千米，是1962年的耕地面积的8.37倍。而与此同时，林地和草地变化不明显，水域面积由688.0平方千米减少至328.3平方千米，减少了52.2%。这种土地利用分布的变化使额济纳旗地区面临更大的生态压力。

干旱区土地利用政策的设计意图在于人与自然环境之间、经济发展与生态可持续性之间取得平衡，因此有必要监测和了解土地使用政策对土地利用的影响。在土地利用政策的制定过程中，需要充分研究不同类型土地利用政策对土地利用变化的潜在影响，实现不同类型土地利用政策的协同组合应用。比如，为了保护干旱区的水资源环境，促进耕地生产力的提高，在土地政策的制定中，要充分发挥环境保护型和区域发展型土地利用政策的协同驱动作用。在制定区域发展规划的时候，要考虑到区域发展型土地利用政策对耕地变化的空间消极集聚作用，在集中连片建设开发的同时，需要合理布局和规划湖泊、沟渠、河流网络，将区域发展型和环境保护型土地利用政策相结合。另外，在制定粮食安全型土地政策时，需要将粮食安全型与环境保护型土地利用政策相结合实施。

更要在制定和实施政策时，综合考虑和整合土地利用政策与水资源政策的组合应用，达到既保护耕地发展生产又保护水资源维持生态环境的区域发展目标。

6.2.2 利用社会敏感度反馈优化水土政策组合

干旱区节水农业发展过程中，合理的土地政策和水政策在耕地发展和水文农业节水中发挥着重要的人为作用。人地系统概念模型从四个模块，水土政策、耕地压力、灌溉用水、环境指标，来探讨和分析人类政策行为与土地和水文变化之间的动态反馈关系。基于耕地压力发展过程，设置了弱、低、中、强四种耕地限制力度情景，分析了不同情景下研究区农业发展中耕地和节水的发展特征。通过对比不同的情景，进一步情景对比分析显示不同的水土政策作用机理，从而为干旱区节水农业水土政策的制定提供评价方法和理论支撑。并进一步分析了在政策、耕地、用水、环境四个因素共同作用下，人地系统的社会敏感度的动态演变。不同的水土政策组合将导致不同的耕地生产和节水发展路径，为了协调耕地生产和环境保护，在未来的政策选择中有必要参考社会敏感度和政策偏好因素。当社会敏感度大于0且呈现增加趋势时，则需要更多地选择优先保护水资源的政策用来维持区域环境可持续发展；当社会敏感度呈下降趋势时，则可以选择适当优先贯彻土地利用政策用于发展生产和经济增长的需要。在未来的发展过程中，为了实现政策选择行为的有效性，有必要通过水土政策的合理组合，针对社会敏感度的变化而作出相应的政策选择来保护环境，实现水资源制约下的人地系统协调可持续发展。

6.3 研究创新点

本文以典型干旱区内蒙古额济纳旗地区为例，选取50年的研究时间尺度，通过构建PAIC概念模型，对典型干旱区的人地综合系统的演变进行分析，重点探讨耕地面积、灌溉用水、不同水土政策和社会行为意识之间的关联和影响。通过应用“社会敏感度”这一概念，分析了社会意识对政策选择的反馈和驱动作用，为指导土地利用政策和不同水土政策的选择，实现水资源约束下的人地系统可持续发展提供一种定量的研究思路。本文的创新点可以总结为以下两方面：

（1）理论创新。本文通过将“社会敏感度”这一人类行为对环境的反馈变量引入PAIC人地系统模型，分析了不同组合情景下的土地政策和水资源政策对人地系统的作用机理。研究结果表明，在未来的政策选择中有必要参考社会敏感度和政策偏好因素。当社会敏感度大于0且呈现增加趋势时，则需要更多地选择优先保护水资源的政策用来维持区域环境可持续发展；当社会敏感度呈下降趋势时，则可以选择适当优先贯彻土地利用政策用于发展生产和经济增长的需要。在未来的发展过程中，为了实现政策选择行为的有效性，有必要通过水土政策的合理组合，针对社会敏感度的变化而作出相应的政策选择来保护环境。

（2）方法创新。本文以典型干旱区为例，选取50年作为研究的时间尺度，以抽象的土地政策和节水政策作为政策模块，结合耕地面积、灌溉用水和社会意识模块，构建了PAIC人地系统概念模型。这种新的人地系统模型既考虑了不同干旱化情景对灌溉用水的影响，也考虑了水资源约束下的耕地面积变化过程，从而为土地利用变化和社会水文交叉研究领域提供了一种可行的研究框架。通过对“社会敏感度”这一人类行为对环境的反馈定量化，为指导不同水土政策的选择，实现水资源约束下的人地系统可持续发展提供一种定量评价方法和理论支撑。

6.4 研究不足与展望

（1）优化数据。本文在构建模型的过程中，数据准备上的不足之处在于，由于受到资料获取的限制，仅考虑到地表水资源的变化。这种情况可能适用于严重依赖地下水的生态系统和地区，而对于水资源充沛的地区可能会需要调整模型的组成部分。今后随着技术的进步，有可能得到对地下水的位置和数量的地理编码数据，那么我们的模型则可以改进并进一步用来分析地表覆盖和地下资源的变化，在更广泛的范围内对其他类型的自然资源的管理进行研究和验证。

（2）深化机理。本文采用的是一种简化的非线性微分方程组合方法模拟人地系统，它没有考虑到模型本身对所有可能的参数组合的扰动。为了更好地理解人地系统的动态演变，有必要在今后的研究中，进一步深化机理，提高模型的稳定性，推动模型向更普遍适用的通用模型的发展，实现长期的研究目标。

参考文献

[1] Anderies, J. M. and Janssen, M. A., 2011: The fragility of robust socialecological systems, Global Environ. Chang., 21, 1153 - 1156.

[2] Ahmed, M., Sultan, M., Wahr, J., Yan, E., 2014. The use of GRACE data to monitor natural and anthropogenic induced variations in water availability across Africa. Earth - Sci Rev 136, 289 - 300.

[3] Arkesteijn, L. and Pande, S., 2013. On hydrological model complexity, its geometrical interpretations and prediction uncertainty, Water Resour. Res., 49, 7048 - 7063.

[4] Baldassarre, G. D., Kooy, M., Kemerink, J. S., Brandimarte, L., 2013a. Towards understanding the dynamic behaviour of floodplains as human - water systems. Hydrology & Earth System Sciences Discussions 10, 3869 - 3895.

[5] Baldassarre, G. D., Viglione, A., Carr, G., Kuil, L., 2013b. Socio - hydrology: conceptualising human - flood interactions. Hydrology & Earth System Sciences Discussions 10, 4515 - 4536.

[6] Baldassarre, G. D., Viglione, A., Carr, G., Kuil, L., Salinas, J. L., Blöschl, G., 2013c. Socio - hydrology: conceptualising human - flood interactions. Hydrology and Earth System Sciences 17, 3295 - 3303.

[7] Baldassarre, G. D., Viglione, A., Carr, G., Kuil, L., Yan, K., Brandimarte, L., Blöschl, G., 2015. Debates—Perspectives on socio - hydrology: Capturing feedbacks between physical and social processes. Water Resources

Research 51.

[8] Bakshi B. R. A thermodynamic framework for ecologically conscious process systems engineering, 2002. Computers and Chemical Engineering, 26: 269 - 282.

[9] Blundell, Richard, and Monica Costa Dias. , 2000. "Evaluation Methods for Non - experimental Data. "Fiscal Studies 21 (4): 427 - 468.

[10] Bourguignon, François, and Francisco H. G. Ferreira. 2003. "Ex Ante Evaluation of Policy Reforms Using Behavioral Models. " In The Impact of Economic Policies on Poverty and Income Distribution: Evaluation Techniques and Tools, ed. François Bourguignon and Luiz A. Pereira da Silva, 123 - 141. Washington, DC: World Bank and Oxford University Press.

[11] Bourguignon, François, Francisco H. G. Ferreira, and Philippe Leite. 2003. "Conditional Cash Transfers, Schooling, and Child Labor: Micro - simulating Brazil's Bolsa Escola Program. " World Bank Economic Review 17 (2): 229 - 254.

[12] Bourguignon, François, Maurizio Bussolo, and Luiz A. Pereira da Silva, eds. 2008. The Impact of Macroeconomic Policies on Poverty and Income Distribution: Macro - Micro Evaluation Techniques and Tools. Washington, DC: World Bank and Palgrave Macmillan.

[13] Boumans R. , Costanza R. , Farley J. , 2002. Modeling the dynamics of the integrated earth system and the value of global ecosystem services using GUMBO model[J]. Ecological Economics, 41: 529 - 560.

[14] Bois, B. P. , Van Leeuwen, C. , Wald, L. , Huard, F. , Gaudillere, J. P. , and Saur, E. , 2008. Using remotely sensed solar radiation data for reference evapotranspiration estimation at a daily time step, Agr. Forest Meteorol. , 148, 619 - 630.

[15] Bingfang, W. U. , Xiong, J. , 2011. ET – Watch: models and methods. Journal of Remote Sensing.

[16] Brock, W. A. , and S. R. Carpenter. , 2007. Panaceas and diversification of environmental policy, Proc Natl Acad Sci U S A, 104 (39), 15206 – 15211.

[17] By, E. , 2010. A General Framework for Analyzing Sustainability, of Social – Ecological Systems, Science.

[18] Chen, L. , 1988. Rational Development and Utilization of Water and Land Resources in Hexi Region. Acta Geographica Sinica.

[19] Chen, Y. , Zhang, D. , Sun, Y. , Liu, X. , Wang, N. , Savenije, H. H. G. , 2005. Water demand management: A case study of the Heihe River Basin in China. Physics & Chemistry of the Earth Parts A/b/c 30, 408 – 419.

[20] Chen, Shaohua, and Martin Ravallion. , 2004. "Welfare Impacts of China's Accession to the World Trade Organization." World Bank Economic Review 18 (1): 29 – 57.

[21] Chen, H. and Li, M, 2011. Environmental tax policy, habit formation and nonlinear dynamics, Nonlinear Anal. – Real. , 12, 246 – 253.

[22] Christine Ornetsmüller, Peter H. Verburg, Andreas Heinimann, 2016. Scenarios of land system change in the Lao PDR: Transitions in response to alternative demands on goods and services provided by the land. Applied Geography, Volume 75, 1 – 11.

[23] Chou, W. – W. , Lee, S. – H. , Wu, C. – F. , 2014. Evaluation of the Preservation Value and Location of Farm Ponds in Yunlin County, Taiwan. International Journal of Environmental Research and Public Health 11, 548.

[24] Cobbinah, P. B. , Erdiaw – Kwasie, M. O. , Amoateng, P. , 2015. Rethinking sustainable development within the framework of poverty and urbanisa-

tion in developing countries. Environmental Development 13,18 – 32.

[25] Cohen, B., 2006. Urbanization in developing countries: Current trends, future projections, and key challenges for sustainability. Technology in Society 28,63 – 80.

[26] Crutzen, P. J. and Stoemer, E. F., 2000. The Anthropocene, Global Change Newsletter, 41, 17 – 18.

[27] Cuypers, J. G. M. and Rademaker, O., 1974. An analysis of Forrester's World Dynamics Model, Automatica, 10, 195 – 201.

[28] Davies, E. G. R. and Simonovic, S. P., 2011. Global water resources modeling with an integrated model of the social – economicenvironmental system, Adv. Water Resour., 34, 684 – 700.

[29] Davies, E. G. R., Simonovic, S. P., 2011. Global water resources modeling with an integrated model of the social – economic – environmental system. Advances in Water Resources 34,684 – 700.

[30] David Romer, 1996. Advanced Macroeconomics. America: McGraw – Hill, 33 – 47.

[31] Dixit, Avinash K., 1990. Optimization in Economic Theory. Oxford, U. K.: Oxford University Press. Essama – Nssah, Boniface, 2005. "Simulating the Poverty Impact of Macroeconomic Shocks and Policies." Policy Research Working Paper 3788, World Bank, Washington, DC.

[32] Durr, H., 2004. The Synopsis of Large Scale Maps and the Study of Man – Land Systems. Resource Manage and Optimize. 2(3):259 – 269.

[33] Di Baldassarre, G., Kooy, M., Kemerink, J. S., and Brandimarte, L., 2013a. Towards understanding the dynamic behaviour of floodplains as human – water systems, Hydrol. Earth Syst. Sci., 17, 3235 – 3244, doi: 10.5194/hess – 17 – 3235 – 2013.

[34] Eicher,T. S,1996. Interaction between endogenosu human capital and technological change,Rev. Econ. Stud. ,63,127 - 144.

[35] Elshafei, Y. , Sivapalan, M. , Tonts, M. , Hipsey, M. R. , 2014a. A prototype framework for models of socio - hydrology: identification of key feedback loops and parameterisation approach. Hydrology and Earth System Sciences 18,2141 -2166.

[36] Elshafei, Y. , Sivapalan, M. , Tonts, M. , Hipsey, M. R. , 2014b. A prototype framework for models of socio - hydrology: identification of key feedback loops with application to two Australian case - studies. Hydrology & Earth System Sciences Discussions 11,629 -689.

[37] Emmerik, T. H. M. v. , Li, Z. , Sivapalan, M. , Pande, S. , Kandasamy,J. ,Savenije,H. H. G. ,Chanan,A. ,Vigneswaran,S. ,2014. Socio - hydrologic modeling to understand and mediate the competition for water between agriculture development and environmental health: Murrumbidgee River basin,Australia. Hydrology and Earth System Sciences.

[38] Ertsen,M. W. ,Murphy,J. T. ,Purdue,L. E. ,Zhu,T. ,2014. A journey of a thousand miles begins with one small step – human agency, hydrological processes and time in socio - hydrology. Hydrology and Earth System Sciences 18,1369 - 1382.

[39] Estoque,R. C. ,Murayama,Y. ,2015. Intensity and spatial pattern of urban land changes in the megacities of Southeast Asia. Land Use Policy 48, 213 -222.

[40] Falkenmark, M. , Lannerstad, M. , 2004. Consumptive water use to feed humanity - curing a blind spot. Hydrology & Earth System Sciences 1, 15 -28.

[41] Falkenmark,M. and Lannerstad,M,1996. Consumptive water use to

feed humanity - curing a blind spot, Hydrol. Earth Syst. Sci. ,9,15 - 28, doi:10.5194/hess-9-15-2005,1996.

[42] Fedotov, S. , Moss, D. , and Campos, D. ,2008. Stochastic model for population migration and the growth of human settlements during the Neolithic transition. Phys. Rev. E,78. 026107,doi:10.1103/PhysRevE.78.026107.

[43] Foley, J. A. , Defries, R. , Asner, G. P. , Barford, C. , Bonan, G. , Carpenter, S. R. , Chapin, F. S. , Coe, M. T. , Daily, G. C. , Gibbs, H. K. , 2005. Global consequences of land use. Science 309,570-574.

[44] Fischer. G and Sun. L. ,2001. Model based analysis of future land - use development in China. Agriculture, Ecosystems and Evrionment, 8 (5): 163-176.

[45] Fujita M. , Krugman P. R. , Venables A. J. ,2001. The Spatial Economy: Cities, Regions and International Trade. Cambridge: MIT Press.

[46] Gary. L. Gaile, Cort. J. , Willmott, 1989. Geography in America. Ohio: Merrill Publishing Company.

[47] Fu, A. H. , Chen, Y. N. , Li, W. H. ,2013. Water use strategies of the desert riparian forest plant community in the lower reaches of Heihe River Basin, China. Science China Earth Science 57,1-13.

[48] Gerhardus. S. ,2011. Critical environmental indicators: Performance indices and assessment models for sustainable rural development planning [J]. Ecological Modelling,130(1):47-58.

[49] Goodchild, F. M. ,2008. Data Analysis, Spatial, in: Shekhar, S. , Xiong, H. (Eds.), Encyclopedia of GIS. Springer US, Boston, MA, pp. 200-203.

[50] Gordon, L. J. , Peterson, G. D. , Bennett, E. M. ,2008. Agricultural modifications of hydrological flows create ecological surprises. Trends Ecol Evol

23,211 -219.

[51] Guo,Q. ,Qi,F. ,Li,J. ,2009. Environmental changes after ecological water conveyance in the lower reaches of Heihe River,Northwest China. Environmental Geology 58,1387 - 1396.

[52] Harris, D. H. , 1977. Human Dimensions Of Water - Resources Planning. Hum Factors 19,241 -251.

[53] Hayami, Y. and Ruttan, V. W. , 1970. Factor prices and technical change in agricultural development: The United States and Japan, 1880 - 1960, J. Polit. Econ. ,78,1115 -1141.

[54] Haraldsson. H. V,1998. Is ecological living in Sweden different from conventional living? Lund University master thesis:36 -39.

[55] Heckman,James J. ,1974. "Shadow Prices,Market Wages,and Labor Supply." Econometrica 42 (4):679 -694.

[56] Heckman,James J. ,and Edward J. Vytlacil,2005. "Structural Equations,Treatment Effects,and Econometric Policy Evaluation." Econometrica 73 (3): 669 -738.

[57] He, C. , Zhang, L. , Fu, L. , Luo, Y. , Li, L. , Demarchi, C. ,2013. Simulation of River Flow for Downstream Water Allocation in the Heihe River Watershed,Northwest China. Springer Netherlands.

[58] Hering,J. G. ,Ingold,K. M. ,2012. Water management. Water resources management: what should be integrated? Science 336,1234.

[59] H. Hengsik, B. A. M. Bouman, A. Nieuwenhuyse, H. G. P. Jansen, 2009. Quantification of land use Systems Using technical coefficient generators: a case study for the Northern Atlantic zone of Costa Rica. Agricultural Systems, 61:109 -121.

[60] Ianchovichina,Elena,and Will Martin,1998. "Impacts of China's

Accession to the World Trade Organization. ” World Bank Economic Review 18 (1): 3 -27.

[61] Jacowitz, K. E., Kahneman, D., 1995. Measures of Anchoring in Estimation Tasks. Personality & Social Psychology Bulletin 21, 1161 -1166.

[62] Jammer. Concepts of Space, 2004. Cambridge Mass.

[63] James P. Curry, David Byrne, Olaf Schmidt., 2010. Intensive cultivation can drastically reduce earth - worm populations in arable land. European Journal of Soil Biology, 38: 12 -13.

[64] Jia, L., Shang, H., Hu, G., Menenti, M., 2011. Phenological response of vegetation to upstream river flow in the Heihe Rive basin by time series analysis of MODIS data. Hydrology & Earth System Sciences 15, 1047 -1064.

[65] Kandasamy, J., Sounthararajah, D., Sivabalan, P., Chanan, A., Vigneswaran, S., Sivapalan, M., 2014. Socio - hydrologic drivers of the pendulum swing between agricultural development and environmental health: a case study from Murrumbidgee River basin, Australia. Hydrology and Earth System Sciences 18, 1027 -1041.

[66] Kosugi, Y., Mukoyama, S., Takabayashi, Y., Uto, K., Oda, K., Saito, G., 2009. Threshold behaviour in hydrological systems as (human) geo - ecosystems: manifestations, controls, implications. Hydrology & Earth System Sciences 13, 1273 -1297.

[67] López - Moreno, J. I., Zabalza, J., Vicente - Serrano, S. M., Revuelto, J., Gilaberte, M., Azorin - Molina, C., Morán - Tejeda, E., García - Ruiz, J. M., Tague, C., 2014. Impact of climate and land use change on water availability and reservoir management: Scenarios in the Upper Aragón River, Spanish Pyrenees. Science of the Total Environment 493, 1222 -1231.

[68] Lambin, E. F., Geist, H. J., 2006. Land - Use and Land - Cover

Change: Local Processes and Global Impacts.

[69] Lambin, E. F., Meyfroidt, P., 2010. Land use transitions: Socio - ecological feedback versus socio - economic change. Land Use Policy 27, 108 - 118.

[70] Li, H., Huang, X., Kwan, M. - P., Bao, H. X. H., Jefferson, S., 2015. Changes in farmers' welfare from land requisition in the process of rapid urbanization. Land Use Policy 42, 635 - 641.

[71] Lokshin, Michael, and Martin Ravallion. 2004. "Gainers and Losers from Trade Reform in Morocco." Policy Research Working Paper 3368, World Bank, Washington, DC.

[72] Li Xiaojian, Peterson. J., 2003. Assessing Regional Sustainability: The case of land use and land cover changes in the Middle Yiluo catchments of the Yellow River basin, China. Applied Geography: 21: 87 - 106.

[73] Liu, D., Tian, F., Lin, M., Sivapalan, M., 2014a. A Coupled Modeling Framework of the Co - evolution of Humans and Water: Case Study of Tarim River Basin, Western China. Hydrology & Earth System Sciences Discussions 11, 3911 - 3966.

[74] Liu, J., Yang, W., 2012. Water sustainability for China and beyond. Science 337, 649 - 650.

[75] Liu, Y., Tian, F., Hu, H., Liu, D., Sivapalan, M., 2014b. Socio - hydrologic Perspectives of the Co - evolution of Humans and Water in the Tarim River Basin, Western China. Hydrology & Earth System Sciences 18, 1289 - 1303.

[76] Long, H. L., 2014. Land use policy in China: Introduction. Land Use Policy 40, 1 - 5.

[77] Lu, Z., Wei, Y., Xiao, H., Zou, S., Xie, J., Ren, J., Western, A.,

2015. Evolution of the human – water relationships in Heihe River basin in the past 2000 years. Hydrology & Earth System Sciences Discussions 12, 1059 – 1091.

[78] Luo, G., Feng, Y., Zhang, B., Cheng, W., 2010. Sustainable land – use patterns for arid lands: A case study in the northern slope areas of the Tianshan Mountains. Journal of Geographical Sciences 20, 510 – 524.

[79] Magliocca, N. R., Brown, D. G., Ellis, E. C., 2014. Cross – site comparison of land – use decision – making and its consequences across land systems with a generalized agent – based model. Plos One 9, 86179.

[80] Maneta, M. P., Torres, M. O., Wallender, W. W., Vosti, S., Howitt, R., Rodrigues, L., Bassoi, L. H., Panday, S., 2009. A spatially distributed hydro-economic model to assess the effects of drought on land use, farm profits, and agricultural employment. Water Resources Research 45, 179 – 204.

[81] Mo, D., Zhao, Z., Xu, J., Li, M., 2011. Holocene Environmental Changes and the Evolution of the Neolithic Cultures in China. Springer Netherlands.

[82] Montanari, A., Young, G., Savenije, H. H. G., Hughes, D., Wagener, T., Ren, L. L., Koutsoyiannis, D., Cudennec, C., Toth, E., Grimaldi, S., 2013. Panta Rhei – Everything Flows: Change in hydrology and society – The IAHS Scientific Decade 2013 – 2022. Hydrological Sciences Journal/Journal Des Sciences Hydrologiques 58, 1256 – 1275.

[83] Maddala, G. S, 1986. Limited – Dependent and Qualitative Variables in Econometrics. Cambridge, U. K. Cambridge University Press.

[84] Meadows D. H., Randers J., Meadows D. L., 2007. Limits to Growth: The 30 – year Update. Post Mills, VT: Chelsea Green.

[85] M F, P K, 1983. The new economic geography: past, present and the

future. Papers of regional science. 2004,83: 139 - 164.

[86] Nace,R. L. ,1980. Hydrology comes of age: Impact of the International Hydrological Decade. Eos,Transactions American Geophysical Union 61, 1241 - 1241.

[87] Oki,T. ,Kanae,S. ,2006. Global hydrological cycles and world water resources. Science 313,1068 - 1072.

[88] Potter,K. W. ,1991. Hydrological impacts of changing land management practices in a moderate - sized agricultural catchment. Water Resources Research 27,845 - 855.

[89] Programme,U. N. E. ,2007. Global environment outlook: GEO4 environment for development. United Nations Environment Programme Progress Press Ltd. 36,337 - 338.

[90] Ruelland,D. ,Tribotte,A. ,Puech,C. ,Dieulin,C. ,2011. Comparison of methods for LUCC monitoring over 50 years from aerial photographs and satellite images in a Sahelian catchment. International Journal of Remote Sensing 32,1747 - 1777.

[91] Robin A. ,2003. The Ethics of Environmental Concern. England Oxford: Basic Blackwell Publish:30 - 70.

[92] Terman J. D. ,1987. Modeling Managerial Behavior: Misperceptions of Feedback in a Dynamic Decision Making Experiment. Management Science,35(3): 321 - 339.

[93] Savenije,H. H. G. ,Hoekstra,A. Y. ,Van,d. Z. ,P. ,2013. Evolving water science in the Anthropocene. Hydrology & Earth System Sciences Discussions 10,7619 - 7649.

[94] Savenije,H. H. G. ,Van der Zaag,P. ,2008. Integrated water resources management: Concepts and issues. Phys Chem Earth 33,290 - 297.

[95] Scott, C. A., S. Vicuña, I. Blanco – Gutiérrez, F. Meza, and C. Varela – Ortega ., 2014. Irrigation efficiency and water – policy implications for river basin resilience, Hydrology and Earth System Sciences, 18 (4), 1339 – 1348.

[96] Sivapalan, M., Savenije, H. H. G., Blöschl, G., 2012. Socio – hydrology: A new science of people and water. Hydrol Process 26, 1270 – 1276.

[97] Song, X., Bryan, B. A., Paul, K. I., Gang, Z., 2012. Variance – based sensitivity analysis of a forest growth model. Ecological Modelling 247, 135 – 143.

[98] Srinivasan, V., 2013. Coevolution of water security in a developing city. Hydrology & Earth System Sciences Discussions 10, 13265 – 13291.

[99] Steffen, W., Crutzen, J., Mcneill, J. R., 2007. The Anthropocene: are humans now overwhelming the great forces of Nature? Ambio A Journal of the Human Environment 36, 614 – 621.

[100] Tang, Y., Reed, P., Wagener, T., Van, W. K., 2007. Comparing sensitivity analysis methods to advance lumped watershed model identification and evaluation. Hydrology & Earth System Sciences 3, 793 – 817.

[101] Trimble S. W., Weirich F. W., Hoag B. L., 1987. Reforestation and the reduction of water yield Oil the southern Piedmont since circa 1940. Water Resources Research, (23): 425 – 437.

[102] Todd, Petra, and Kenneth Wolpin. 2006. "Ex Ante Evaluation of Social Programs." PPenn Institute for Economic Research, University of Pennsylvania, Philadelphia. IER Working: 6 – 122.

[103] Tekleab, S., Uhlenbrook, S., Mohamed, Y., Savenije, H. H. G., 2011. Water balance modeling of Upper Blue Nile catchments using a top – down approach. Hydrology & Earth System Sciences Discussions 7, 6851 – 6886.

[104] Turner, G. M., 2008. A Comparison of the Limits to Growth with Thirty Years of Reality. Global Environmental Change 18, 397 – 411.

[105] UN – Habitat, 2009. Planning sustainable cities: Global report on human settlements. Sterling, London.

[106] Vörösmarty, C. J., Green, P., Salisbury, J., Lammers, R. B., 2000. Global water resources: vulnerability from climate change and population growth. Science 289, 284 – 288.

[107] Van Emmerik, T. H. M., Li, Z., Sivapalan, M., Pande, S., Kandasamy, J., Savenije, H. H. G., Chanan, A., Vigneswaran, S., 2014. Socio – hydrologic modeling to understand and mediate the competition for water between agriculture development and environmental health: Murrumbidgee River Basin, Australia. Hydrology & Earth System Sciences Discussions 11, 3387 – 3435.

[108] Vitousek, P. M., Mooney, H. A., Lubchenco, J., Melillo, J. M., 1997. Human Domination of Earth's Ecosystems. Science 277, 494 – 499.

[109] Vörösmarty C., Lettenmaier D., Leveque C., 2004. Humans transforming the global water system. Eos, Transactions, American Geophysical Union, 85(48): 509 – 513.

[110] Wooldridge, Jeffrey M. 2001. Econometric Analysis of Cross Section and Panel Data. Cambridge, MA: MIT Press.

[111] Wolman M. G., 1967. A cycle of sedimentation and erosion in urban river channels. Geog. Ann., 49(A): 385 – 395.

[112] Wang, G., Cheng, G., 1999. Water resource development and its influence on the environment in arid areas of China—the case of the Hei River basin. Journal of Natural Resources 43, 121 – 131.

[113] Wenwen, C., Soenhan, L., Wu, C. F., 2014. Evaluation of the

Preservation Value and Location of Farm Ponds in Yunlin County, Taiwan. International Journal of Environmental Research & Public Health 11,548 – 572.

[114] Wescoat, J. L. J. ,2013. Reconstructing the duty of water: a study of emergent norms in socio – hydrology. Hydrology and Earth System Sciences 17,4759 – 4768.

[115] Xia, J. , Liang, S. , Chen, J. , Yuan, W. , Liu, S. , Li, L. , Cai, W. , Zhang, L. , Fu, Y. , Zhao, T. ,2014. Satellite – based analysis of evapotranspiration and water balance in the grassland ecosystems of Dryland East Asia. Plos One 9,97295.

[116] Xiong, J. , Bingfang, W. U. , Liu, S. , Yan, N. ,2011. ET – Watch: calibration methods. Journal of Remote Sensing.

[117] Yang, H. , Flower, R. J. , Thompson, J. R. ,2013. Sustaining China's water resources. Science 339,141.

[118] Zalasiewicz, J. , Williams, M. , Steffen, W. , Crutzen, P. ,2010. The new world of the Anthropocene. Environmental Science & Technology 44, 2228 – 2231.

[119] Zhang, X. Y. , Gong, J. D. , Zhao, X. , Zhou, M. X. , 2009. THE CHANGE OF LAND COVER/LAND USE IN EJINA OASIS OVER 20 YEARS. Springer US.

[120] Zhong, R. S. , Ma, Y. J. , Dong, X. G. , He, Y. ,2007. Discussion on new concept of modern agricultural water – saving – sustainable water – saving. Effective Utilization of Agricultural Soil & Water Resources and Protection of Environment, 174 – 182.

[121] Zhong B. , Ma P. , Nie A. H. , Yang A. X. , Yao Y. J. , Lv W. B. , Zhang H. , Liu Q. H. ,2014. Land Cover Mapping Using Time Series HJ – 1/CCD Data. SCIENCE CHINA Earth Sciences,57(8):1790 – 1799.

[122] Zhong B. , Yang A. , Nie A. , Yao Y. , Zhang H. , Wu S. , Liu Q. , 2015. Finer resolution land – cover mapping using multiple classifiers and multi-source remotely sensed data in the Heihe river basin. IEEE Journal of Selected Topics in Applied Earth Observations and Remote Sensing, 8(10): 4973 – 4992.

[123] Zhou, D. C. , Luo, G. P. , Lei, L. U. , 2010. Processes and trends of the land use change in Aksu watershed in the central Asia from 1960 to 2008. Journal of Arid Land 02, 157 – 166.

[124] Zhou, S. , Huang, Y. , Wei, Y. , Wang, G. , 2015. Recasting catchment water balance for water allocation between human and environmental purposes. Hydrology and Earth System Sciences Discussions.

[125] Zurlini, G. , Riitters, K. , Zaccarelli, N. , Petrosillo, I. , Jones, K. B. , Rossi, L. , 2006. Disturbance patterns in a socio – ecological system at multiple scales. Ecol Complex 3, 119 – 128.

[126] 阿依努尔·买买提,邱玉宝,2013. 近20年和田绿洲水资源变化及其驱动力分析[J]. 干旱区资源与环境,117 – 122.

[127][荷] 奥威比克,彭松建等译. 人口理论史[M]. 北京:商务印书馆,1988.

[128] 毕宝德. 土地经济学[M]. 北京: 中国人民大学出版社,2001.

[129] 鲍超,方创琳. 内陆河流域用水结构与产业结构双向优化仿真模型及应用[J]. 中国沙漠,2006,26(6):1033 – 1040.

[130] 白景坤. 基于组织惰性视角的组织理论演进路径研究[J]. 经济与管理,2007,21(12):32 – 36.

[131] 蔡运龙. 论城市人地系统[J]. 地理研究,1997,增:68 – 73.

[132] 蔡运龙,傅泽强,戴尔阜. 区域最小人均耕地面积与耕地资源调控[J]. 地理学报,2002,3(2): 127 – 129.

[133] 陈曦,姜逢清,王亚俊,李耀明,胡汝骥. 亚洲中部干旱区生态

地理格局研究[J]. 干旱区研究,2013：386－390.

[134] 陈曦,罗格平. 干旱区绿洲生态研究及其进展[J]. 干旱区地理,2008:487－493.

[135] 陈晓宏,涂新军,谢平,李艳. 水文要素变异的人类活动影响研究进展[J]. 地球科学进展,2010:888－896.

[136] 陈莹,赵勇,刘昌明. 节水型社会的内涵及评价指标体系研究初探[J]. 干旱区研究,2004:125－130.

[137] 陈成鲜,严广乐. 我国水资源可持续发展系统动力学模型研究[J]. 上海理工大学学报,2000,22(2)：154－159.

[138] 陈雪,刘光有. 系统动力学在阿什河流域水污染控制规划中的应用[J]. 环境科学与管理,2010,35(5)：73－76.

[139] 陈兴鹏,戴芹. 系统动力学在甘肃省河西地区水土资源承载力中的应用[J]. 干旱区地理,2002,25(4)：377－382.

[140] 陈云峰. 区域人地系统的数值仿真[D]. 2003:23－45.

[141] 程叶青. 基于系统动力学方法的人地系统优化调控研究[J]. 中国科学院研究生院学报,2006,23(1)：83－90.

[142] 崔远来,熊佳. 灌溉水利用效率指标研究进展[J]. 水科学进展,2009,20(4):590－598.

[143] 丁凡. 中国可持续发展系统动力学仿真模型——环境部分[J]. 计算机仿真,1998,15(1)：8－10.

[144] 杜建材,王照兰,张伟,朱树声. 世界干旱半干旱地区及旱地农业[J]. 内蒙古农业科技,2000:74－76.

[145] 额济纳旗地方志编纂委员会. 额济纳旗志[M]. 北京:方志出版社,1998.

[146] 方创琳. 黑河流域水—生态—经济发展耦合模型及应用[J]. 地理学报,2004:781－790.

[147] 冯异星,罗格平,周德成,韩其飞,鲁蕾,许文强,朱磊,尹昌应,戴丽,李艳忠. 近50年土地利用变化对干旱区典型流域景观格局的影响——以新疆玛纳斯河流域为例[J]. 生态学报,2010:4295-4305.

[148] 郭亮. 产业经济系统结构演进的系统动力学模型研究[D]. 2007: 36-39.

[149] 郭伟峰,王武科. 关中平原人地关系地域系统结构耦合的关联分析[J]. 水土保持研究,2009,16(5): 110-115.

[150] 高翔,鱼腾飞,程慧波. 西北地区水资源环境与城市化系统耦合的时空分异——以西陇海兰新经济带甘肃段为例[J]. 干旱区地理,2010,33(6): 1010-1018.

[151] 巩杰,谢余初,贾珍珍,钱大文. 黑河流域土地利用/土地覆被变化研究新进展[J]. 兰州大学学报(自然科学版),2014:390-399.

[152] 樊杰. 人地系统可持续过程—格局的前沿探索[J]. 地理学报,2014,69(8): 1060-1068.

[153] 方创琳,徐建华. 西北干旱区生态重建与人地系统优化的宏观背景及理论基础[J]. 地理科学进展,2001(1): 21-28.

[154] 方创琳. 黑河流域水—生态—经济发展耦合模型及应用[J]. 地理学报,2004,59(5): 781-790.

[155] 贾海峰,程声通,杜文涛. GIS与地表水水质模型WASP5的集成[J]. 清华大学学报,2001,41(8):125-128.

[156] 洪舒蔓. 城镇化背景下黄淮海平原人地关系研究[D]. 2014.

[157] 韩兴胜,张芳红. 新疆准噶尔盆地水资源现状及人地关系研究[J]. 人民长江,2014,33(增刊):55-57.

[158] 韩德林,陈正江. 运用系统动力学方法研究绿洲经济—生态系统——以玛纳斯绿洲为例[J]. 地理学报,1994,49(4): 307-316.

[159] 胡大伟. 基于系统动力学和神经网络模型的区域可持续发展

的仿真研究——以江苏省建湖生态县为例[D]. 2006:35 -78.

[160] 胡玉奎,韩于羹,曹铮韵. 系统动力学模型的进化[J]. 系统工程理论与实践,1997,(10):132 -136.

[161] 胡静,陈银蓉. 湖北省土地政策评价模型的政策变量分析[J]. 统计与决策,2007: 102 -104.

[162] 哈斯巴根,佟宝全. 农业地区人地系统脆弱性及其发展模式研究[J]. 干旱区地理,2014,37(3):601 -608.

[163] 赫特纳. 地理学——它的历史、性质和任务[M]. 北京:商务印书馆,1989:129 -138.

[164] 黄庆旭,史培军,何春阳,李晓兵. 中国北方未来干旱化情景下的土地利用模拟[J]. 地理学报,2006: 1300 -1308.

[165] 季劲钧,刘青,李银鹏. 半干旱地区地表水平衡的特征和模拟[J]. 地理学报,2004: 965 -966.

[166] 姜黎. 新疆天山北麓绿洲主要城市人地系统演进及优化研究[D]. 2008.

[167] 蒋晓辉. 关中水资源与社会经济、环境协调发展模式研究[J]. 中国农村水利水电,2001,(1): 21 -24.

[168] 李靖. 额济纳旗志: 1991—2010[M]. 呼伦贝尔:内蒙古文化出版社,2013.

[169] 李新,程国栋,2008. 流域科学研究中的观测和模型系统建设[J]. 地球科学进展,756 -763.

[170] 李新,程国栋,康尔泗,徐中民,南卓铜,周剑,韩旭军,王书功. 数字黑河的思考与实践3:模型集成[J]. 地球科学进展,2010:851 -862.

[171] 李正国,王仰麟,周清波,张小飞. 基于TVDI方法的黄土高原地表水分时空分异研究[J]. 中国农业资源与区划,2008: 13 -18.

[172] 李旭旦. 人文地理学论丛[M]. 北京:人民教育出版社,1986:

56 - 61.

[173] 李遐玲．艾比湖生态环境综合治理和经济可持续发展的研究[J]．干旱区资源与环境,1997,11(2):27 - 36.

[174] 李天宏,曹建科,张昌盛．玛纳斯河流域绿洲—荒漠互馈作用的系统动力学模拟[J]．应用基础与工程科学学报,2006,14(3):340 - 350.

[175] 李玉义,逄焕成,张凤华．新疆玛纳斯河流域节水农作制发展模式[J]．农业工程学报,2009,25(6):52 - 58.

[176] 李尝君．艾比湖流域人地关系耦合模拟[D]. 2012.

[177] 李博,韩增林．沿海城市人地关系地域系统脆弱性研究——以大连市为例[J]．经济地理,2010,30(10):1722 - 1728.

[178] 李后强,艾南山,汪富泉．人地协同论:可持续发展模型构建的基础[J]．中国人口·资源与环境,1998,8(3):48 - 53.

[179] 廖克．关于地球表层动态机制与人地系统调控的研究[J]．地球科学进展,1992,7(1):28 - 33.

[180] 刘伟涛,顾鸿,李春洪．基于德尔菲法的专家评估方法[J]．计算机工程,2011:190 - 194.

[181] 刘蔚,王涛,郑航,马真臻．黑河流域不同类型土地沙漠化驱动力分析[J]．中国沙漠,2008:634 - 642.

[182] 刘啸,张一驰,杜朝阳,于静洁．额济纳旗三角洲土地利用现状及其蒸散发量时空分异特征[J]．南水北调与水利科技,2015:491 - 495.

[183] 刘彦随,陈百明．中国可持续发展问题与土地利用/覆被变化研究[J]．地理研究,2002:325 - 329.

[184] 刘烨,田富强．基于社会水文耦合模型的干旱区节水农业水土政策比较[J]．清华大学学报(自然科学版),2016,56:365 - 372.

[185] 刘占宝,魏晓妹,张艳妮．基于系统动力学的北方大型灌区生态环境需水量研究[J]．干旱地区农业研究,2010,28(1):21 - 26.

［186］刘小茜，王仰麟，彭建．人地耦合系统脆弱性研究进展［J］．地球科学进展，2009，24（8）：917－926.

［187］刘继生，陈涛．人地非线性相关作用的探讨［J］．地理科学，1997（3）：224－229.

［188］卢爱刚，庞德谦，李筱琳，王天明，葛剑平．额济纳旗绿洲生态环境变化及其恢复，干旱区资源与环境［J］．2008：39－45.

［189］陆大道．关于地理学的“人—地系统”理论研究［J］．地理研究，2002：135－146.

［190］陆大道，郭来喜．地理学的研究核心——论吴传钧院士的地理学思想与学术贡献［J］．地理学报，1998，53（2）：97－105.

［191］欧阳进良．农户土地利用持续性评价与政策选择［D］．2004.

［192］逯承，陈兴鹏，王红娟，李恒吉，张子龙，李勇进．西北少数民族地区人地关系演变动态仿真研究——以甘南州为例［J］．自然资源学报，2013，28（7）：1255－1262.

［193］马金珠，高前兆．西北干旱区内陆河流域水资源系统与生态环境问题［J］．干旱区资源与环境，1997：15－22.

［194］马金珠，李相虎，贾新颜．干旱区水资源承载力多目标层次评价——以民勤县为例［J］．干旱区研究，2005：11－17.

［195］毛汉英．人地系统与区域持续发展［M］．北京：中国科学技术出版社，1995，45－60.

［196］毛汉英，吴传钧等．区域可持续发展的理论方法研究．世纪之交的中国地理学［M］．北京：人民教育出版社，1999.

［197］孟凯中，王斌．系统动力学在我国可持续发展战略中的研究进展［J］．资源开发与市场，2007，（01）：78－80.

［198］莫淑红，孙新新，沈冰．基于系统动力学的区域水环境动态承载力研究［J］．西安理工大学学报，2007，23（3）：251－256.

[199] 牛最荣,赵文智,陈学林,黄维东. 黑河流域中西部子水系水资源分布特征研究[J]. 冰川冻土,2009:1194－1202.

[200] 牛最荣,赵文智,黄维东,陈学林. 黑河下游生态调水对水资源时空变化的影响分析[J]. 水文,2011:52－56.

[201] 潘世兵,路京选,张建立,庞治国. 黑河流域水资源开发与生态保护中的几个问题探讨[J]. 干旱区研究,2006:236－241.

[202] 普雷斯顿·詹姆斯,杰弗里·马丁. 地理学思想史[M]. 北京:商务印书馆,1989:129－138.

[203] 裴相斌,赵冬至. 基于GIS—SD的大连湾水污染时空模拟与调控策略研究[J]. 遥感学报,2000,4(2):118－124.

[204] 濮励杰,黄贤金,周峰. 经济发达地区耕地保护问题研究——以长江三角洲地区为例[J]. 经济地理,2002:76－79.

[205] 曲耀光. 世界干旱区水资源开发利用研究现状及展望[J]. 干旱区资源与环境,1988:11－17.

[206] 钱正英,张光斗. 中国可持续发展水资源战略研究综合报告及各专题报告. 北京:中国水利水电出版社,2001.

[207] 乔标,方创琳,黄金川. 干旱区城市化与生态环境交互耦合的规律性及其验证[J]. 生态学报,2006,26(7):2183－2190.

[208] 乔家君. 区域人地关系定量研究[J]. 人文地理,2005,20(1):81－85.

[209] 秦耀辰,陈世敏,王喜等. 区域持续发展的基本理论及其实践意义[J]. 地理科学进展,1999,16(1):15－22. 魏晋. 成都平原人地系统协同性研究[D]. 2012.

[210] 热比亚木·买买提. 干旱区内陆河流域人地耦合系统演变[D]. 2012.

[211] 沈振荣,汪林,于福亮,刘斌. 节水新概念——真实节水的研究

与应用[M]. 中国水利水电出版社,北京,2010.

[212] 水利部,中国科学院,中国工程院. 中国水土流失防治与生态安全(总卷)[M]. 北京:科学出版社,2010: 56 - 61.

[213] 索维. 人口通论(上册)[M]. 北京:商务印书馆,1978: 349 - 350.

[214] 史培军. 人地系统动力学研究的现状与展望[J]. 地学前缘,1997,4(1): 201 - 211.

[215] 申玉铭,毛汉英. 区域可持续发展的若干理论问题研究[J]. 地理科学进展,1999,18(4): 287 - 297.

[216] 孙庆荣. 黄河三角洲区域发展模式构建[D]. 2006:57 - 60.

[217] 宋世涛,魏一鸣,范英. 中国可持续发展问题的系统动力学研究进展[J]. 中国人口、资源与环境,2004,14(2): 42 - 48.

[218] 宋先松. 黑河流域水资源约束下的产业结构调整研究——以张掖市为例[J]. 干旱区资源与环境,2004,18(5): 81 - 84.

[219] 谭灵芝. 新疆墨玉绿洲耕地变化及人地关系演进驱动力研究[J]. 地域研究与开发,2010. 29(4):110 - 115.

[220] 谭术魁,张路,齐睿. 基于系统动力学的区域耕地压力指数研究[J]. 自然资源学报,2012,27:758 - 765.

[221] 田军,张朋柱,王刊良,汪应洛. 基于德尔菲法的专家意见集成模型研究[J]. 系统工程理论与实践,2004:57 - 63.

[222] 王耕,王利,水资源与土地资源特征比较研究[J]. 水土保持研究,2004:88 - 91.

[223] 王浩,秦大庸,王建华. 流域水资源规划的系统观与方法论[J]. 水利学报,2002: 1 - 7.

[224] 王晓君,石敏俊,王磊. 干旱缺水地区缓解水危机的途径:水资源需求管理的政策效应[J]. 自然资源学报,2013: 1117 - 1127.

[225] 王昱,冯起,刘蔚,司建华,常宗强,席海洋. 基于农户尺度的黑河流域下游节水农业和生态治理效果调查研究[J]. 水土保持通报,2011: 158-162.

[226] 王爱民,缪磊磊. 地理学人地关系研究的理论评述[J]. 地球科学进展,2000,4: 415-420.

[227] 王黎明. 面向 PRED 问题的人地关系系统构型理论与方法研究[J]. 地理研究,1997,16(2): 39-43.

[228] 王丹. 基于SD 的石油资源开发与社会经济系统协调发展研究[D]. 中国石油大学(华东),2008: 37-58.

[229] 王建华,顾元勋,孙林岩. 人地关系的系统动力学模型研究[J]. 系统工程理论与实践,2003,23(1): 128-131.

[230] 王让会,张慧芝,赵振勇. 干旱区生态系统耦合关系的特征分析[J]. 生态环境,2004,13(3): 347-349.

[231] 王武科,李同升,张洁. 关中平原全新世以来人地关系地域系统时空演变分析[J]. 地域研究与开发,2009,28(6): 32-37.

[232] 王明全,王金达,刘景双. 吉林省西部资源环境和人口经济发展的耦合性分析[J]. 水土保持通报. 2008,28(2): 167-172.

[233] 吴炳方,熊隽,闫娜娜,杨雷东,杜鑫. 基于遥感的区域蒸散量监测方法——ET-Watch[J]. 水科学进展,2008: 671-677.

[234] 吴传钧. 论地理学的研究核心——人地关系地域系统[J]. 经济地理,1991,11(3):1-6.

[235] 吴文恒,牛叔文,郭晓东. 中国人口与资源环境耦合的演进分析[J]. 自然资源学报,2006,21(6): 853-861.

[236] 温琰茂,柯雄,王峰. 人地系统可持续发展评价体系与方法研究[J]. 地球科学进展,1999,14(1): 51-55.

[237] 徐晓锋,刘勇. 评分者内部一致性的研究和应用[J]. 心理科

学,2007：1175 – 1178.

[238] 徐宗学,李景．水文科学研究进展的回顾与展望[J]．水科学进展,2010：450 – 457.

[239] 薛忠歧,龚斌,万力,胡伏生．黑河下游额济纳旗绿洲变化规律及其相关因素分析[J]．地学前缘,2006：48 – 51.

[240] 杨明金,张勃,王海青,袁健萍．黑河流域1950年～2004年出山径流变化规律分析[J]．资源科学,2009：413 – 419.

[241] 杨云良,阎顺,贾宝全,陈利军．艾比湖流域生态环境演变与人类活动关系初探[J]．生态学杂志,1996,15(6)：43 – 49.

[242] 杨春伟,赵秀生,于素花．塔里木河流域水资源调配SD模型及应用[J]．农业技术经济,2001,(3)：13 – 17.

[243] 杨青山,梅林．人地关系系统与人地关系地域系统[J]．经济地理,2001,21(5)：532 – 537.

[244] 叶岱夫．人地关系地域系统与可持续发展的相互作用机理初探[J]．地理研究,2001,20(3)：307 – 314.

[245] 叶涛,史培军．从深圳经济特区透视中国土地政策改革对土地利用效率与经济效益的影响[J]．自然资源学报,2007：435 – 439.

[246] 袁榴艳,杨改河,冯永忠．干旱区生态与经济系统耦合发展模式评判——以新疆为例[J]．西北农林科技大学学报(自然科学版),2007,35(11)：41 – 47.

[247] 喻小军,江涛,王先甲．基于流域水资源承载力的动力学模型[J]．武汉大学学报(工学版),2007,40(4)：45 – 48.

[248] 姚辉,潘玉君,丁生等．人地关系演进状态系数与结果评价[J]．中国人口·资源与环境,2010,20(5)：161 – 164.

[249] 张勃,吕永清,张耀宗,康淑媛．博弈理论在水资源管理中的应用——以黑河流域为例[J]．中国沙漠,2010：461 – 467.

[250] 张华,张勃,孟宝. 张掖市土地利用/覆盖变化模拟. 遥感技术与应用[J],2004,19(5):359－363.

[251] 张强,孙鹏,陈喜. 1956—2000年中国地表水资源状况:变化特征、成因及影响[J]. 地理科学,2011:31(12):1430－1435.

[252] 张洁. 渭河流域(干流地区)人地关系地域系统演变及其优化研究[D]. 2010:38－69.

[253] 曾维华,孙强,杨志峰. 基于GRID的流域动态水平衡模型研究[J]. 干旱区资源与环境,2005:73－78.

[254] 赵松山,白雪梅. 用德尔菲法确定权数的改进方法[J]. 统计研究,1994: 46－49.

[255] 赵文智,常学礼,何志斌,张智慧. 额济纳旗荒漠绿洲植被生态需水量研究[J]. 中国科学. D辑:地球科学,2006:559－566.

[256] 赵文智,程国栋. 生态水文研究前沿问题及生态水文观测试验[J]. 地球科学进展,2008:671－675.

[257] 赵玉林,李文超. 基于系统动力学的产业结构演变规律仿真模拟实验研究[J]. 系统科学学报,2008,16(4): 52－58.

[258] 赵明华,韩荣青. 地理学人地关系与人地系统研究现状评述[J]. 地域研究与开发,2004,23(5): 6－10.

[259] 赵明华. 区域人地系统机理与方法研究——以山东半岛为例[D]. 中国科学院地理科学与资源研究所,2001.

[260] 钟方雷,徐中民,窪田顺平,李佳,秋山知宏. 黑河流域分水政策制度变迁分析[J]. 水利经济,2014: 37－41.

[261] 钟华平,刘恒,王义,托娅,耿雷华,颜志俊. 黑河流域下游额济纳旗绿洲与水资源的关系[J]. 水科学进展,2002:223－228.

[262] 钟永光,钱颖,于庆东. 系统动力学在国内外的发展历程与未来发展方向[J]. 河南科技大学学报(自然科学版),2006,27(4):

101 – 104.

[263] 詹姆斯．地理学思想史[M]．北京：商务印书馆，1982：21 – 24.

[264] 郑元文．快速城市化地区人地系统时空耦合演化研究[D]．2011.

[265] 郑慧娟．石羊河流域水资源—经济社会协调发展的 SD 模型与前景预测[D]．2005：42 – 49.

[266] 郑度．21 世纪人地关系研究前瞻[J]．地理研究，2002，21(1)：9 – 13.

[267] 张妍．长春市产业结构环境影响的系统动力学优化模拟研究[J]．经济地理，2003，23(5)：681 – 685.

[268] 张青峰，吴发启，王力．黄土高原生态与经济系统耦合协调发展状况[J]．应用生态学报，2011，22(6)：1531 – 1536.

[269] 张志强．区域可持续发展的理论与方法[J]．中国人口资源与环境，1994，3(4)：19 – 24.

[270] 张洁，李同昇，王武科．渭河流域人地关系地域系统耦合的关联分析[J]．干旱区资源与环境，2010，24(7)：34 – 39.

[271] 张鹏，侯慧敏，马金珠．石羊河流域水资源总量控制现状分析[J]．节水灌溉，2012，4：46 – 50.

[272] 周国华，唐承丽，朱翔，周海燕．三峡工程运行后对洞庭湖区土地利用的影响及对策研究[J]．水土保持学报，2002：74 – 77.

[273] 朱高峰，马金珠，苏永红，李相虎．金昌水资源特点及供需平衡研究[J]．干旱区资源与环境，2004：154 – 159.

[274] 朱国宏．人地关系论——中国人口与人地关系问题的系统研究[M]．上海：复旦大学出版社，1996，28 – 29.

[275] 左丽君，张增祥，董婷婷，汪潇．MODIS/NDVI 和 MODIS/EVI 在耕地信息提取中的应用及对比分析[J]．农业工程学报，2008：167 – 171.

［276］左伟，周慧珍．人地关系系统及其调控［J］．人文地理，2001，16（1）：67－70.

［277］左其亭，胡德胜，窦明，张翔，马军霞．基于人水和谐理念的最严格水资源管理制度研究框架及核心体系［J］．资源科学，2014，36（5）：906－912.

［278］中国地理学会编．地理科学学科发展报告（2006，2007）［M］．北京：中国科学技术出版社，2007，88－90.